101

ESSAYS *that will* CHANGE *the way* YOU THINK

改变你想法的101篇文章

[美] 布里安娜·威斯特（Brianna Wiest）——著　李镭——译

中信出版集团 | 北京

图书在版编目（CIP）数据

改变你想法的 101 篇文章 /（美）布里安娜 · 威斯特著；李镭译 . -- 北京：中信出版社，2022.10（2023.3重印）

书名原文：101 essays that will change the way you think

ISBN 978-7-5217-4229-9

Ⅰ. ①改… Ⅱ. ①布… ②李… Ⅲ. ①思维方法 Ⅳ. ①B80

中国版本图书馆 CIP 数据核字（2022）第 072310 号

改变你想法的 101 篇文章
著者：［美］布里安娜 · 威斯特
译者：李镭
出版发行：中信出版集团股份有限公司
（北京市朝阳区东三环北路 27 号嘉铭中心 邮编 100020）
承印者：北京诚信伟业印刷有限公司

开本：880mm×1230mm 1/32　印张：11.75　字数：264 千字
版次：2022 年 10 月第 1 版　印次：2023 年 3 月第12次印刷
京权图字：01–2022–4404　书号：ISBN 978–7–5217–4229–9
定价：59.00 元

服务热线：400–600–8099
投稿邮箱：author@citicpub.com

目录

导 言

尤瓦尔·赫拉利博士在他的《人类简史》一书中告诉我们，在某一个时间段，游荡在地球上的并非只有智人一种人类。实际上，当时很可能存在六个不同的人种：智人、尼安德特人、梭罗人、直立人等等。

智人能够一直存续到今天，而其他人类却在进化的道路上消失了，这是因为我们的大脑比那些消失的人类多了一个前额叶皮质——这一点可以从骨骼结构中推断出来。这让我们从根本上有能力进行更复杂的思考，从而能够组织、培养、教导、实践，这样一代代地传承下去，创造出一个适合我们生存的世界。正是我们的想象力，让我们能够从无到有地创造出今天的世界。

从某种意义上来说，思想创造现实，不仅仅是美好的设想，也是进化的事实。正是因为有了语言和思想，我们才能在自己的头脑中创造出一个世界，也正是因为有了语言和思想，最终我们才能进化到今天的社会——无论它变得更好还是更糟。

几乎每一位伟大的大师、艺术家、教师、革新者、发明家甚至是幸福的普通人，都会以某种类似的方式理解自身的成功。世界上许多“成就卓越”的人都明白，要改变自己的人生，就必须先改变自己的想法。

正是这些人向我们传达了历史上最悠久的传统智慧：相信就会成为。想法可以掌控。障碍就是出路。通常情况下，如果我们以一种新的方式思考，我们就会感觉到强烈的不适。这种新的认知会创造出各种可能性，但如果我们没有被迫学习某种新东西，这些可能性就永远不会存在。为什么我们的祖先要发展农业、社会、医学和其他各种世界上不曾有过的东西？为了生存。我们这个世界所具备的各种要素，曾经只是人类应对恐惧的手段。

如果你能够有意识地把生活中的“问题”看作一种机遇，能够因为它们对生活有更深刻的理解，进而营建出一种更好的生活方式，你就会走出痛苦的迷宫，懂得成长的意义。

我相信人类进步的根本就是学习如何思考。由此，我们学会了如何去爱、分享、共存、包容、给予、创造以及其他各种美好的品质。我认为我们首要的也是最重要的责任就是发挥我们与生俱来的潜能，为了自己，也为了这个世界。

我写下的每一件事背后都有一句潜台词：“这个想法改变了我的人生。”

只有想法才能改变人生——这就是改变我的第一个想法。

布里安娜·威斯特

2016年7月

第 1 篇

这些潜意识行为，在阻止你获得你想要的生活

每一代人都会在不知不觉中接受当下社会普遍认同的某种观念或模式，并把它视为“真理”。比如你很容易就能辨认出20世纪30年代的德国人和1776年的美国人，因为他们心目中的“真理”和关于“好”的标准是如此一致。

我们很难做到客观看待所谓的社会主流观念，因为一旦你将其认定为“真理”，就不会再认为它只是“社会文化”或“主观看法”。

我们内心有如此多的混乱，因为现在的生活并不是我们想要的，因为我们接受了自己内心并不认同的观念，却没有意识到这一点。

任何一种社会主流文化都会向我们灌输，我们需要为什么而活：国家、宗教、自我等等。但当我们试图向前迈进时，那些观念又阻止了我们，让我们搬起石头砸自己的脚。

以下是八种普遍的观念。

01｜你认为要创造最好的生活，关键要确定你想要什么，然后努力去实现，但实际上，从心理学角度来说，你根本无法预测什么会让你幸福[①]。

你的大脑只能理解它已知的信息，所以当你选择你想要的未来时，你实际上只是基于过去创造了一个理想化的方案。如果事情没有按照你希望的方式发展，你就会认为自己失败了，因为你没有创造出你想要的东西，而实际上，你创造了更好的东西，但它对你的大脑而言是陌生的，所以大脑将其错误地理解为“不好的”。

（这个故事告诉我们：“活在当下”不只是禅宗和悟道者的崇高理想。这是不让生活被错觉渗透的唯一方式，因为你的大脑真正能理解的就是当下。）

02｜你认为成功是你能够“到达”的某个高度，并根据这个标准来评判当下的时刻。你根据自己生活中的一些片段来判断自己是否幸福。

你说服自己，任何特定时刻都能代表你的整个人生。因为我们天生就相信，当目标完成、事情解决时，成功就会到来。我们会通过“完成度”、事物呈现的面貌和别人的简短评价来衡量这些时刻。我们总是在想：“人生就只能这样了吗？”因为我们忘记了一切都是暂时的，没有任何单一的情况可以概括全部。这个世界上没有我们真正能“到达”的地方。你唯一的终点就是死亡。实现目标不是成功，我们

---

① 丹尼尔·吉尔伯特（Daniel Gilbert）：《哈佛幸福课》（*Stumbling on Happiness*）。

在这个过程中的成长才是。

03｜在凭你的“直觉”做出判断时，你认为幸福就是“好”，恐惧和痛苦就是“不好”。

当你考虑要做自己真正喜欢和愿意投入的事情时，你会感到突如其来的恐惧和痛苦，陷入脆弱无助。但这种糟糕的感觉并不一定是阻碍，它恰恰预示着你正在做一些令人畏惧却值得做的事情。如果你不想做什么事，你只会对它感到漠然。

恐惧=兴趣。

04｜你总是在生活中制造不必要的问题，因为你害怕真正地活着。

在你的生活中制造不必要的麻烦，这实际上是一种回避技巧，让你分散注意力，不必为你所害怕的事情承担责任。让你烦恼的原因并不是你所以为的原因。你制造问题的真正核心是什么？是害怕做真正的自己，害怕过你想要的生活。

05｜你认为要改变信念，就必须换一种新的思路，而不是去寻求相关体验，来验证这个信念。

信念是你用自己的体验验证的事实。如果你想改变你的生活，就要先改变你的信念。而如果你要改变信念，就应该去实践，获得一些让你感到真实的体验，而不是采取相反的行为顺序。

06 | 你认为“问题”是实现目标的绊脚石，但实际上它们是垫脚石。

马可·奥勒留[①]对这一点总结得很好：“阻碍行动的终会促成行动，阻挡道路的终会成为道路。”简单地说，你遭遇的“问题”会迫使你采取行动去解决它，而这种行为会让你的思维方式发生改变，做出不同的选择。于是“问题”变成了催化剂，让你能够实现你一直想要的生活。你的问题促使你走出舒适区，就是这样。

07 | 你认为你的过去定义了你，更糟的是，你认为这是不可改变的现实，而实际上，你的看法会随着你的改变而改变。

记忆、体验、感受，这些都是多维度的，你可以选择回忆的“重点”，而你所选择的只代表你现在的状态和心境。很多人被过去困住，任由过去定义和困扰自己，这是因为他们还没有进化到能够看清楚过去不会阻止他们获得想要的生活，而是会促进他们采取行动。这并不意味着我们要忽视或掩盖痛苦和创伤。我们只是要接纳过去，这是你走向成长的开始。

08 | 你总想改变别人，改变环境，改变事物（或者不停地抱怨人和事）。你的每一次愤怒，其实都是自我了解、自我认知的契机。大多数负面的情绪反应是因为你发现了自己隐藏起来的那部分。

---

① 马可·奥勒留，古罗马皇帝、政治家、军事家、哲学家，著有《沉思录》。
——编者注

你的“阴影自我”[①]是你的一部分，你习惯性地认为这种“阴影自我”是“不好”的，所以你拼命压制它，不去面对它。你不想被人发现自己隐藏起来的这部分特质，所以当你看到别人表现出同样的特质时，你会感到厌恶。“阴影自我”和我们的原始欲望有关，大多数时候它会躲起来，直到遇到那个令我们厌恶的人。你喜欢别人的地方正是你喜欢自己的地方，而你厌恶别人的地方恰恰是你不能接受自己的地方。

---

① “阴影自我”（shadow self），由心理学家卡尔 · 荣格率先提出。他认为阴影自我是每个人都有的一种特质，代表被人格面具（我们想要向他人展示的一面）和社会道德标准所压抑的人格。我们会不自觉地隐藏这一面。

——编者注

— 第2篇 —

日常习惯的力量

历史上最成功的人——比如各个领域的“天才”和大师——除了天赋之外，他们还有一个共同点：坚持刻板（和具体）的日常习惯。

每天这样按部就班、一成不变看似很无聊，和你所理解的“美好生活”相去甚远。在你看来，幸福应该来自对“更多”的不懈追求，无论是“更多”什么。但你没有意识到，有规律的生活并不意味着每天在同一间办公室坐上相同的时间。有规律的生活可以是每个月去一个不同的国家旅行，可以是规律性地打破常规。日常习惯的重点是通过重复的行为和可预期的结果，让你的潜意识变得稳定和有安全感。

无论你希望你的日常习惯中包括什么样的常规内容，你都要有决心坚持下去。简单地说，遵守日常习惯的重要性在于，你的固定习惯创造了你的情绪，而这种情绪又会滋养你的个性，让你避免冲动，要知道，冲动往往会带来你最不希望发生的一切。

能真正给我们带来幸福的事都不只是短暂、即时的满足，而且会伴随着阻力和牺牲。有一种方法可以抵消这种“自我牺牲感”，那就是把任务纳入常态，或者用常规来克服阻力，这一点和以下几点就是“日常习惯”如此重要（以及幸福的人更愿意遵循日常习惯）的原因。

01｜你的情绪由你的习惯而来，而你的情绪就是你看待生活的滤镜。

我们一般认为情绪来自想法和压力，还有让我们陷入混乱的突发事件。但事实并非如此。心理学家罗伯特·塞耶（Robert Thayer）认为，情绪是由我们的习惯产生的：我们的睡眠时间、活动频率、思考的内容、思考频率等等。关键在于，并不是某一个想法让我们陷入混乱，而是让这种想法不断重复的模式，它会强化这个想法，并且让想法看起来更合理。

02｜让理智的决定来主导你的一天，而不是恐惧或冲动。

如果思维未被驯化，你就会毫无章法，缺乏专注和自我控制，你会受到各种因素的诱惑，以为自己想得到那些其实你根本就不想要的东西。

“今晚我不想为明天的演讲做准备，我想出去喝一杯。”这样的想法短期看来很不错，但从长期来看，它是灾难性的。为了晚上出去喝酒而搞砸一场超级重要的会议，这样的代价太不值得。学习建立日常习惯，就相当于理智地选择如何度过一天，将那些只能带来短暂满足的“垃圾”决定丢到一旁。

03｜幸福不在于你做了多少事，而在于你做得有多好。

“更多”并不意味着“更好”。幸福不是一直体验新事物，而是以崭新的、不同的方式不断地体验你已经拥有的东西。遗憾的是，我们常常被教导要用追求新事物的激情来驱动我们的每一个想法、决定和行动，实际上这样做会让我们陷入恐惧，我们会害怕自己做得不够，因此得不到幸福。

04｜当你开始规范你的日常行为时，你就不必再受困于“战斗或逃跑”[①]的本能，因为你不再面对未知。

这就是人们很难接受改变的原因，也是那些拥有不变的习惯的人会如此快乐的原因：简单地说，他们在很长一段时间里可以关闭恐惧本能，安心地享受当下。

05｜对于孩子，日常习惯会提供安全感；对于成年人，它带来的是目标感。

有趣的是，这两种感觉要比你想象的更相似（至少它们的源头是相同的）。我们对于未知的恐惧也是相同的：小时候，我们不知道该走哪条路，更不知道我们为什么活着。很多事情我们都没有做过，不知道它们是不是可怕，会不会造成伤害。成年以后，我们养成了日常习惯，就能用一个简单的说法安慰自己：“我知道该怎样做，我以前就这样做过。”

06｜你感到满足，是因为日常习惯会不断重复肯定你已经做出的决定。

比如你做出决定，想要写一本书，你承诺不管需要多长时间，每晚都写三页。那么你肯定的不仅是你最初的选择，还有你完成这件事

---

① 战斗或逃跑反应（Fight-or-flight response）由美国心理学家沃尔特·坎农（Walter Cannon, 1871—1945）在1915年提出，他发现，机体经一系列的神经和腺体反应会被引发应激，从而做好防御、挣扎或者逃跑的准备。

——编者注

的能力。这是让你获得认同感的最健康的方式。

07 | 在你的身体进行自我调节的时候，习惯会成为通向“心流”[1]的路径。

“心流”（也许你已经对此有所了解）是指我们在做某些事情时，那种全神贯注、投入忘我的状态——在这种状态下，你甚至感觉不到时间的存在，在事情完成之后，我们会有一种充满能量并且非常满足的感受。这时，一切杂乱的念头和担忧都不复存在，我们只是将全部精神集中在眼前的任务上。你只需要不断训练自己的身体在不同时间做出不同反应，比如早上七点起床，下午两点开始写作，通常就能够更加容易地进入心流状态，最终形成习惯。

08 | 当我们没有养成一定的习惯时，我们就会认为“恐惧”说明我们正在做错误的事。其实那只是因为我们过于关注结果。

生活缺乏规律，只会滋生拖延症。它会给我们制造懈怠的机会，让潜意识对我们说：“好了，现在你可以休息一下了。”而实际上，你的工作任务是有截止日期的。如果你习惯了在那个时间点去休息，你就会这样放纵下去。因为“你已习惯如此”。

---

① 米哈里·契克森米哈赖（Mihaly Gsikszentmihalyi）：《心流：最优体验心理学》（*Flow: The Psychology of Optimal Experience*）。

— 第 3 篇 —

高情商的人不会做的10件事

高情商也许是我们这个社会最强大，同时又被严重低估的一种品质。

逻辑和理性是我们日常生活的根基，无论是经过长时间的思考还是完全不假思索[①]，我们都会得出这样的结论。实际上，我们的领导者严重忽视了社会政治问题中的人性因素，不需要我引用离婚率升高的数据，你也肯定知道我们总是无法选择正确的伴侣（也没有能力维持长期的亲密关系）。

人们相信最明智的做法是不带任何情绪，做一台高效的机器，成为时代的产物，一个运转良好、服务周到、数据精准、彻底无意识且具有明确可操作性的机器人。因为这种信念，我们吃了很多苦头。

但有一些人有能力意识到自己的感受，知道如何表达、处理和调整自己的情绪，摆脱自我中心的局限，能够站在第三方的角度看待问题，有良好的自控力。他们是真正的领导者，拥有最完整、最真实的

---

① 马尔科姆·格拉德威尔（Malcolm Gladwell）:《眨眼之间：不假思索的决断力》（*Blink: The Power of Thinking Without Thinking*）。

生命，我们应该从他们身上得到启示。

高情商的人不会做下面这十件事。

01 | 他们不会认为他们对某种情况的思考和感觉就是事实，也不会对最终结果做出任何假设。

他们明白自己的情绪是一种反应，而不是对正在发生的事情的准确衡量。他们承认这些反应可能受到他们自身问题的影响，并不符合客观事实。

02 | 他们的情绪源头不来自外部。

他们产生情绪不是因为“别人做了什么”，因此也不需要别人来解决。他们知道，自己才是一切体验产生的最终原因，这让他们能够避免落入被动愤怒[①]的陷阱。被困在这种陷阱中的人总认为错的是外部环境，一切错误都只能由外部环境来纠正。

03 | 他们不会假装知道什么能让自己真正幸福。

无论何时，我们唯一的参照物就是过去发生的事情，我们实际上没有办法确定什么能让我们真正幸福，只是感觉从过去的不愉快经历中“被拯救”出来。因为对这一点的理解，高情商的人可以张开怀

---

① 被动愤怒是指当一个人回避愤怒情绪时，他会将愤怒的表达内化。比如摔门、报复、断绝关系等。

——编者注

抱，接受生活中的所有体验。他们知道任何一件事都是好坏参半。

04｜他们不认为感到恐惧代表自己走错了路。

冷漠无感才说明你走错了路。恐惧意味着你在试图去做你喜欢的事，只是你原来的信念或未被治愈的创伤阻碍了你（或者更确切地说，这些创伤正在被唤醒，等待着疗愈）。

05｜他们知道幸福是一种选择，但他们认为没有必要时时刻刻追求幸福。

他们不会陷入这样一种误区：“幸福是持续快乐的状态。”他们会给自己时间来处理他们所经历的一切，允许自己保持自然的状态。在这种不与自己对抗的状态中，他们找到了满足。

06｜他们不允许自己的想法被别人左右。

他们能够认识到，因为社会环境和人类易受外界影响的思维模式，他们经常会被根本不属于他们的思想、信仰和心态所左右。为了解决这个问题，他们会不断梳理自己的信念，反思自己的初衷，以此来确定当前的参照标准是否真的适合他们。

07｜他们知道，绝对的冷静并非高情商的表现。

他们不会压抑自己的感受，更不会试图调节情绪，让负面情绪消失。不过如果所处的环境不适合表达感受，他们有能力控制自己的情绪反应。他们不会压制情绪，但他们能做到有效地管理情绪。

08 | 他们知道，感受不会杀死他们。

他们已经培养出足够的毅力和认知，知道无论发生什么事情，哪怕是最糟糕的状况，都只是暂时的。

09 | 他们不会轻易和别人成为亲密的朋友。

他们知道真正的信任和亲密感是一点一滴建立起来的，需要清楚地识别出谁能够和自己分享一切。他们不会戒心重重，也不会封闭自己，他们只是会花心思去搞清楚，能够允许谁进入他们的生活和内心。他们对所有人都很和善，但只会对少数几个人真正敞开自己的心扉。

10 | 他们不会把糟糕的感受和糟糕的生活混为一谈。

他们能有意识地避免对未来做出推断——推断本质上就是将当前的时刻投射到可预见的未来，认为眼前这一刻就代表了自己的整个人生。而实际上，它只不过是人生中转瞬即逝的、短暂的经历。高情商的人会允许自己有一些“糟糕的”日子，会接纳一个完整的人生。就是这种不与自己对抗的心态让他们找到了平静。

— 第4篇 —

我们曾经爱过的人是怎么变成陌生人的

想想看，曾经是你的全部的那个人，是怎样一步步变得对你毫无意义的？你是如何学会忘记，如何强迫自己忘记的？这是一件值得思考的事。在此期间你用什么来填补他留下的空白？分手后发生的各种事情，总是比那段关系本身教给你更多——悲伤是比快乐更好的老师，但那又如何？现在你们已经是陌生人，一切还有什么意义？你还是很想知道对方的一切，你别无选择，只能让那个人在你心中变成一个陌生人，不再是那个知道你每天的焦虑、知道你赤裸的样子、知道什么会让你哭泣、知道你是多么爱他的人。

当你的生活以某个人为中心时，他的影子就会挥之不去，即使后来只剩下记忆，他也会一直在那里，在你们一起去过的地方，在你们说过的话里，在你们听过的歌中。

也许有一天，你排队结账的时候听到一首歌响起，才意识到你又开始想他。也许你永远都不会停止想念。

你有没有真正忘记过恋人的生日？忘记过你们的每一个第一次，无论那些事是甜蜜的还是悲伤的？你们的周年纪念日会像一年中的其他日子一样普通吗？你做过的事情和做出的承诺真的已经无影无踪了吗？只是因为你们分了手，它们就会凭空消失吗？还是你决定彻底忽视它们，因为你别无选择？我猜，是大脑告诉你要继续往前走，你的心只能被迫跟上来。

我想要你相信，爱一个人就会永远爱他，只不过改变了方式，除非你从没有真正爱过他。当两个人发生了化学反应后，两个人就都被改变了。只是你的伤口还未愈合，你无法冒险再回到那个人身边。我不相信你因为对方不再重要就会完全忽视他。我知道爱不会泯灭。我怀疑（也许是希望），你只是强迫自己这样做。

也许只是因为我们都处在自己这个渺小宇宙的中心，有时会与别人的宇宙重叠，而这个小小的交集会让宇宙的某些部分发生变化。它们的碰撞可以摧毁我们，改变我们，推动我们。有时我们会合二为一，有时又会分道扬镳——因为我们放弃了自以为了解的东西，我们只感到释然。

不管怎样，我们的渺小宇宙总是会不可避免地扩张。于是你对于爱，对于爱的意义有了更多的了解。当你的心中只剩下一个空洞的时候，当床上空了半边、身边的椅子没有人坐的时候，你会感受到那种从未有过的痛苦。那个洞里是否还住着那个人……我不知道。是否还有其他人和你曾经深爱过的那个人有相似的轮廓……我也不知道。

开始时，我们都是陌生人。我们以爱情之名所做的选择似乎都是唯一选择。我们总会发现一些完全不合常理，却又让我们无法抗拒的人，发现和我们心灵相通的人。父母、同学、邻居、老友、亲戚和姐妹，这些人以各种各样的机缘与我们的人生交织在一起，密不可分。这样的关系很美好，但这种更容易建立的关系却不是我们最渴求的。这也不是我现在要写的，不是我们在失去之后仍会念念不忘的。我们都在等待着另一个宇宙与我们的宇宙相撞，改变我们自己无法改变的事情。真正吸引人之处在于，我们知道风暴会归于平静，但我们会看到另一片完全不同的星空。我们不知道，也无法选择，谁的撞击能带来这样的变化。

一段关系开始时，我们都是陌生人。但我们忘记了，我们不会希望最终成为最熟悉的陌生人。

第5篇

社交智商高的人的16种表现

你可能不知道是什么让一个人具有社交智商，但你一定遇到过那种“社交白痴”。如果接触不深，那样的人也许只会让你感到气恼，情况严重的时候甚至会让你的身体也觉得不舒服。

礼仪是一种文化社交智慧。然而，传统礼仪似乎已失去吸引力，它意味着为了标准化的行为方式而抛弃个性。我们都希望能够以一种让彼此感到舒适的方式与他人交往，但一定不是只有礼貌的点头和亲切的微笑。无论何时都不能丢弃真诚的表达。这两者并不是相互排斥的。

社交智商高的人的思考和行为方式不会受到任何文化的束缚。他们能够与人顺畅沟通，让对方感到轻松自在，同时又不会牺牲自己的个性以致无法畅所欲言。这是建立连接的基础，是我们的大脑所需要的，也是我们赖以生存的基础。

以下是社交智商高的人的核心特征。

01 | 他们不会试图激起与他们交谈的人强烈的情绪反应。

他们不会通过夸大自己的成就来激起他人的敬畏，也不会通过夸大自己的艰辛来激起他人的同情。他们认为自己讨论的话题不值得有如此强烈的情绪反应，如果他们刻意夸大，就会给对方带来压力，因为对方要伪装出相应的情绪来满足他们。

02｜他们不会对人、政治观点和想法进行定义。

要让自己显得愚蠢，见效最快的办法就是说："这么想是错误的。"（这个想法对你而言也许是错误的，但它会存在，说明它对另一些人是正确的。）社交智商高的人会说："我还不太理解这个想法，所以没办法表示赞同。"给任何一个人或想法下定义，就是对存在于其中的多种观点视而不见。这只能说明你的狭隘和短视。

03｜受到批评后他们不会立刻否认，也不会因此而产生任何强烈的情绪反应，让自己显得难以接近，不愿改变。

有些很难相处的人，即使以最委婉的方式暗示他们的行为有问题，他们也会觉得受到了威胁，因此对提出暗示的人感到愤怒，让问题更加严重。社交智商高的人在回应批评之前会先认真倾听批评——没有经过深思熟虑的直接的情绪反应只是一种防御。

04｜他们不会把自己对别人的看法当作事实。

社交智商高的人不会将"他是个浑蛋"这样的话当作事实说出来。他们只会说："我和他有过不愉快的交流，我觉得很不舒服。"

05｜他们从不通过别人的某种行为来笼统概括他的品质。

他们不会使用“你总是”和“你从不”来表达自己的观点。他们在表达观点的时候总是会以“我感觉”而不是“你是”作为开头。在措辞时不要让别人感觉到威胁，这样才能让对方敞开心扉表达观点，创造好的对话氛围，带来你想要的改变。

06｜他们的表达非常准确。

他们会说他们真正要说的话，而不是回避问题。他们沉着、冷静、用词简洁而且经过认真思考。他们对话的目的是交流，而不仅仅是获得别人的回应。

07｜他们知道如何以健康的方式调整自己的心态。

换句话说，他们知道自己不是世界的中心。他们能够倾听他人，不会担心别人的观点冒犯到自己，对自己不利。他们能够摆脱自我视角的局限，至少能从第三方的角度去尝试理解他人的观点，不会敏感地认为对方是在针对自己或影射自己。

08｜他们不会指出别人的无知。

当你指责别人有错的时候，你只是在强化他的自我防御心理，让他无法再从另一个角度考虑问题。你可以首先肯定他的观点，“这很有趣，我从来没有这样想过……”然后再展示你自己的观点，“我最近才知道……”并且通过询问他的意见，“你觉得如何？”让他知道他在这场对话中仍然有表达权。这样做表明你在打开对方的心扉，邀请对方参与到对话中来，你们双方都能从这场对话中学到东西，而不仅仅是防御。

09 | 他们能认可他人的感受。

认可别人的感受就是接纳他们的感受，而不是用讲道理来评判、否认或改变他们的想法。比如对方说："今天我很伤心。"你说："嘿，你有什么可伤心的，你已经过得很不错了！"其中可能产生的主要误解是：认可感受并不等于认同观点。有许多观点不需要或不值得被认同，但每个人的感受都值得被看到、被接纳和被尊重。认可一个人的感受就是认可他这个人，即使你们对同样的事情会有不同的反应。换句话说，就是认可他的自我，即使他和你不一样。

10 | 他们意识到，"阴影自我"就是别人那些让他们感到不满的特质、行为和思考模式。

一个人憎恨某位政客，可能是他害怕自己没有智慧或缺乏见识的一种投射。一个人非常厌恶他那个消极被动的朋友，可能说明他自己在生活中更倾向于把主动权交给他人。其中不一定有明确的联系，但是在涉及强烈情绪反应的事情中，这种心理总会起作用。如果你真的不喜欢某样东西，你尽可以直接摆脱它，丢弃它。

11 | 如果一个人只想着赢，不想学习，他们不会与这样的人争论。

如果一个人开始狡辩，不惜使用各种拙劣的逻辑，只为了在对话中占据上风，你就能看出他不值得交谈。社交智商高的人知道，并非每一个人都想要沟通、学习、成长、与别人建立连接，他们也不会强迫他人如此。

12｜他们善于聆听，而不是急于做出回应。

在倾听他人说话的时候，他们会集中精神，认真听对方在说什么，而不是只想着自己要做出什么样的回应。这也被称为“保留空间”[①]的元实践[②]。

13｜如果有什么事情是他们不愿让父母知道，难以向孩子解释，也不希望被雇主发现的，他们就绝不会在网上发布那件事。

不要在网上发布那些你没有足够信心的内容或者不一定真的会发生的事，那意味着你对自己的不真诚（那些内容通常代表你想被别人认可的部分）。

---

① 保留空间（holding space）是指在对话中认真倾听，不做评判，不去试图控制对方，讲道理，不计较结果，不把自己心里的感受投射到对方身上，创造一个安全的、给予支撑的空间。

——编者注

② 元实践，即可以应用在多种实际情况下的实践模式或理念。“元”（Meta）在这里的意思是既有抽象概念，又有能够映射到现实中的效果。

——译者注

14｜他们不认为自己可以评判什么是正确的。

他们不会说："你错了。"他们会说："我认为你错了。"

15｜他们不会抹黑别人，也不会为了反驳一个观点而进行人身攻击。

"向井里投毒"（Poisoning the well）是一种典型的人身攻击，通过抹黑一个人，攻击他的品格，从而将注意力从正在争论的观点转移走。例如，如果一个每天吃三块糖的人说"我认为孩子们每天吃太多的糖对健康没有好处"，社交智商高的人不会回答："你有什么资格这么说？"他们能够客观看待对方说出的话——往往是那些被某个问题困扰最严重的人才能够说出问题的重要性（即使从表面上看，这很虚伪）。

16｜他们最注重与自己的关系，并孜孜不倦地为此而努力。

社交智商高的人的重要理念是，你和其他人的关系只是你和你自己关系的延伸。

— 第6篇 —

有这些不适感，证明你走对了路

当我们处在改变的边缘时，就会产生不适感。遗憾的是，我们经常把它误认作一种“不幸”，从而拼命逃避这种感觉。我们都需要经历一些不适，才能突破认知，打破固有思维，激励自己做出真正的改变。不适感是一个信号，一个常常很有用的信号。下面这些感觉（通常是你不太想要的）也许能让你知道，你正走在正确的道路上。

01｜感觉你好像在重新经历童年的挣扎。

你发现小时候让你百般挣扎的问题又出现在你的成年生活里。从表面上看，这似乎说明你还没有解决它们，但其实意味着你开始意识到自己为什么会有这样的想法和感受，这正是你做出改变的契机。

02｜感到迷失，没有方向。

感到迷失实际上表明你活得更现实了——你不再沉浸于对未来

的描述和设想中，而是开始更加关注当下。在你习惯这一点之前，你会觉得自己走错了方向（实际上你没有）。

03｜左脑弱化。

当你更频繁地使用右脑时（你变得更注重直觉，你在处理情绪，你在创造），左脑功能似乎弱化了。专注力、组织能力和记住细节的能力都下降了。

04｜非理性的愤怒或悲伤会不受控制地涌上心头，并不断加剧，直到你再也无法忽视它们。

当情绪爆发时，通常是因为它们“强烈”到了需要被正视的程度，而我们要做的就是学会停止与它们搏斗，不再抵抗情绪，而是全身心地去觉察情绪（在那之后，我们会控制情绪，而不是被情绪控制）。

05｜睡眠失去规律，变得紊乱。

你会远比以前睡得更多或睡得更少。你会在午夜时突然醒来，因为你总是不由自主地在想一些事情。你发现自己要么精力充沛，要么精疲力竭，很少有中间状态。

06｜你的生活正在发生改变，或者刚刚改变。

你突然遭遇分手、离婚、失去工作，或者出了车祸，等等。

07｜你非常需要独处。

你突然对每个周末都出去社交不再有热情，其他人的问题只会让你感到疲惫，你对此毫无兴趣。这意味着你在重新定位自己的人生。

08｜对那些清晰而生动的梦，你几乎总是记得其中的细节。

如果梦是你的潜意识在与你对话（或者是你生活的投射），这说明你的大脑肯定在试图表达什么。你做梦的强度是以前从未有过的。

09｜你的朋友圈子在缩小，和消极的人在一起让你感觉越来越不舒服。

消极的人有一个特点，那就是他们很少意识到自己是消极的。和他们说话让你感到很不舒服（将他们留在你的生活里，会让你更不舒服），于是你选择疏远他们。

10｜感觉你的人生梦想正在破灭。

但此刻你没有意识到的是，这种破灭其实是在为比你想象中更好的现实让路，那个现实将更符合真正的你，而不是你以为的自己。

11｜感觉你的想法成了你最可怕的敌人。

你开始意识到，是你的想法创造了你的体验。我们总是在被逼到束手无策时，才会试图去控制自己的想法——也是直到这时我们才会意识到，我们一直都在控制想法。

12｜你不确定自己究竟是什么样的人。

你曾幻想过自己“应该”成为什么样的人，而现在幻想正在消失。因为你正处于进化的过程中。实际上，当我们变得更糟时，我们不会变得不确定，我们只会变得愤怒和保守。换句话说，如果你现在感到不安全或不确定，它通常会带来更好的结果。

13｜意识到你还有多远的路要走。

你能意识到这一点，是因为你看到了目标。这意味着你终于知道要去往何方，要成为什么样的人了。

14｜“知道”了你不想知道的事情，比如某个人真正的感觉，或者一段关系无法再持续下去，或者你的工作做不下去了。

很多“非理性”的焦虑来自你潜意识中感知到的某些东西，你却没有认真对待，因为它们不符合逻辑。

15｜有一种强烈的愿望，要说出自己的想法。

你感到愤怒，因为你任由别人摆布自己，你的脑子里充斥着别人的声音。这种愤怒表明你终于准备好不再只是听从别人，而是要真正地爱自己——所以你首先就要尊重你自己。

16｜意识到你是唯一对你的生活和幸福负责的人。

这种情绪自主性是很让人害怕的，因为这意味着如果你搞砸了，一切都是你的责任。但与此同时，意识到这一点才是获得真正自由的唯一途径。冒险总是会有值得的回报。

第 7 篇

被你压抑最深的感受，想要告诉你什么

情商并不是指你很少有“不好”的感受，因为你有自控力，也懂得什么不应该做。情商也不是指你能够控制你的想法，决定它影响你的程度，或者你能够多么平静地应对任何特定的情况。

真正情绪成熟的标志是你能够彻底地让自己去感受所有事情，无论那是怎样的事情。你知道无论多么糟糕的事情最终都有可能发生。

就是这样！让自己去感受。想象一下最可怕的情况，其中唯一可怕的就是你因之而产生的感受：你会如何看待它，你认为它的后果意味着什么，以及这些后果最终会如何影响你。

这些感受可能是恐惧，刺痛，悸动，饥饿感，自我毁灭，觉得自己毫无价值，没有归属感。（有趣的是，身体上的感觉总是短暂的，转瞬即逝，但我们对痛苦的感受却似乎总是挥之不去……）

我们会避免去感受，因为我们或多或少都了解——我们的感受是有生命的。只要我们对它有片刻的觉察，它就会永远存在。

你是否曾感受到持续几分钟的喜悦？愤怒呢？没有？那么紧张、沮丧和悲伤呢？这些感受会持续得更久，不是吗？几周，几个月，甚至几年，对不对？

这是因为它们不是感受，而是症状。我马上就会讲到它们出现的原因。

要知道，感到痛苦就是拒绝接受现实。“痛苦”一词来自拉丁语“自下而上的承受”（from below to bear），或者“抵抗、忍耐、屈服”。

所以疗愈实际上就是允许自己去感受。

这个过程就是让过去的创伤、窘迫和失去都浮出水面，让你亲身感受你在经历这些事情的那一刻压抑的情绪。当状况发生时，为了让自己能够继续走下去，甚至只是为了能生存下去，你不得不压抑情绪。现在你可以过滤和处理这些情绪了。

我们都害怕自己的感受太过强烈，尤其是在感受产生的那一刻。我们被告诫不要爱得太深，否则会受伤；不能显得太聪明，否则会被打压；不能表现出害怕，否则会显得脆弱。我们会根据他人的期望调整自己的感受。小时候，我们会因为哭喊而受到父母的惩罚，因为我们的情感表达让他们感到不适。（难怪我们现在仍然这样要求自己。）

关键问题是，害怕感受太强烈的人不是你，而是那些说你太疯狂、太夸张，说你这样做不对的人。他们不知道该如何应对你的情绪，就希望你一直保持平静，希望你不要有任何感受。那个害怕感受的人不是你。你知道我是怎么知道的吗？

因为你的麻木并不是什么都感觉不到，而是感觉到了一切，却从来没有学会处理。麻木不是没有感觉，中立才是。

你的悲伤在说：“我仍然留恋过去。”你的内疚在说：“我怕别人觉得我做了坏事。”你的羞愧在说：“我怕别人觉得我是个坏人。”

你的焦虑是你对这个过程的抗拒，你越来越意识到，你没有控制这一切的力量。你的疲倦是你对真实的自己，对你真正想要成为的人的抗拒。你的烦恼源自你压抑的愤怒。你之所以抑郁（当然排除生理因素）是因为你的那些情绪已经浮出水面，你却拼命想把它们按下去。

你得出的结论是你不能再这样下去，你在错过，在偏离轨道，感觉被困住了，陷入迷惘，这都是因为你意识到你并不需要改变自己的感受。你只需要学会接纳它们，看看它们想告诉你什么。

试图改变你的感受，就像你在路上发现一个路标，但它指的方向和你打算去的方向恰恰相反，于是你下了车，想要把路标转过来，而不是改变你的路线。

如果我们把伴随我们的经历产生的情绪藏起来，不给自己时间去处理它们，试图强迫自己在特定的时间保持特定的感受，那么我们就忽视了能为我们带来真正平静的东西：允许一切发生，不做任何评判。

所以你要做的不是改变感受，而是倾听。不要只看到它们表面的样子，这很重要。要真正跟随你的直觉去理解它们想要传达的信息。它们是你与自己沟通的方式。

每一种感受都有它的价值。如果你试图改变自己的每一种感受，或者认为其中有些是对的，有些是错的，有些是好的，有些是坏的，有些是你应该保持的，有些是你要摆脱的，你就会因此而错过许多。这都是因为你害怕告诉自己一些你不想听到的事情。

你压抑最深的感受是你引导自己的最重要的方式。你对倾听自己的感受感到恐惧，但你恐惧的不是自己的感受，而是不被别人接受。你害怕自己比别人期望的做得更多，或者更少，或者更好，或者更糟，或者只是和别人不一样。

当你选择更看重别人对你的认可而不是你对自己的认可时，你就是在接受这样一种命运：你必须与自己的本能斗争，为的只是适应别人的需求。与此同时，一个充满倾听、学习、包容、陪伴、理解、感受和体验的世界与人生，正在不断地远离你。

悲伤不会杀死你。抑郁也不会。但与它们的战斗会杀死你。对它们的忽视会杀死你。试图逃避它们而不是面对它们会杀死你。否认它们会杀死你。压抑它们会杀死你。将它们埋藏到你的内心深处，让它们牢牢抓住你、控制你，也会杀死你。当然，你不会因此结束自己的生命，但你会被夺走你拥有的一切，你会失去幸福的人生。你要么让自己感受一切，要么彻底麻痹自己。你不能去选择情绪。你要么让它们自由流淌，要么抗拒它们的本性。说到底，选择权在你。

第8篇

你的任何一部分都不能代表你

假设我们把你所有的器官分开，放在桌子上。

感觉你的心跳，想象它在你的体外跳动。你不会一边看着自己的心脏一边想：“那是我。”你只会想：“那是我的心。”

现在感觉你的呼吸。感觉它与你的心跳同步，你平时不会意识到它们的存在，虽然它们都在持续不断地运行着。你不会说：“我是我的呼吸。”你会说：“我在呼吸。”

想想你的肝脏、肾脏。想想你的骨头和血液。想想你的腿、手指、头发和大脑。你会客观地看待它们。它们只是你身体的一部分。它们（大多数）是可以摘除和替换的，而且它们的存在肯定是暂时的。你不会在想到它们的时候就看到了自己。你想到它们时，就只是想到它们的形状。如果你把它们再拆分，它们就只是细胞的集合。你不会看着它们想：“这是我！”你会想：“这些是我的。”

为什么当我们将它们拼接在一起的时候，就会有所不同？

你的胸膛和喉咙是能量的聚集地，是不可忽视的存在。还有你的头部，这是你的中心。你不会对你的腿和手臂有强烈的感觉。一切都集中在你的核心部位。

就在那个空间里，我们感觉不到的器官和我们能感觉到的能量并存。如果我们去掉后者，还剩下什么？那里到底有什么？当你不存在时，还有什么是存在的？

你关注过它们吗？还是只与它们相伴？你有没有感觉过身体的每一部分，意识到这些部分都不能代表你？你有没有发现，只有当你和它们有依附关系的时候，它们才有存在感？你有没有分辨过“属于你的”和“你本人”的区别？

知道你是谁——这一点是你的根基。它会给你一种有迹可循的感觉。而当我们赋予自己喜欢、重视和渴望的东西称谓和意义时，我们就创造了依附关系。然后，我们努力将一切保持在我们可控的范围内。超出这个范围，我们会感到挫败和痛苦，我们看不到发展和改变的可能，认为现在的状态就代表了永远。如果我们没能实践自己心中的理想，那将成为我们最大的不甘。

我想，有时候我们会执着于结构，是因为我们不喜欢内容。比起我们是谁，我们更在意别人对我们的看法；我们更看重自己的头衔，而不是日复一日的工作；我们更在意“你能保证永远爱我吗”的承诺，而不是实实在在、细水长流的爱。也就是说，我们更容易被事物的表象打动，而不是事物的本质。我们喜欢把自己看成结构清晰的身体，这样我们就不必去关注精神的匮乏。

但如果精神才是我们的核心呢？如果意识到这一点，我们就能从许多事情中解脱出来，让自己从许多想法中平和下来，缓解许多痛楚呢？如果疗愈自己不是修正一种态度，更换一种观念，改善一种审美，而是转变一种存在方式、一种意识、一种能量呢？

如果是这样，只修复局部并不能疗愈整体。

唯一能改变你和你的生活的，就是你意识到你身体的那些部分都不能代表你。当它们是一个整体时，它们才是你的终点，也是你的起点，它们才能改变、激发和点燃意识的火花，让你保持质疑的态度。

我不是真的要你思考这些理论。我只是在问：你有没有感觉到？

第9篇

这20个迹象说明
你做的比你以为的要好

01 | 你付清了这个月的账单，甚至还有多余的钱可以用在非必需品上。点击付款的那一刻，你为此挨过多少辛苦都不重要了。无论如何，你想办法做到了。

02 | 你质疑自己，开始怀疑人生。有些时候，你感到很痛苦。这意味着你还在成长，意味着你能够以客观和自省的态度看待问题。那些优秀的人在一天工作结束回到家时还在思考："或者……也许还有别的解决办法。"

03 | 你有一份工作。无论这份工作时长多少，强度如何，至少你赚的钱能让你每天有饭吃，有地方睡，有衣服穿。如果这份工作不像你想的那样好，那也不是你的失败——你重视自己的独立性，你对自己是负责的。

04 | 你有时间做你喜欢的事情，哪怕"你喜欢的事情"只是坐在沙发上，点一份外卖，看看电视剧。

05 | 你不用担心自己的下一顿饭在哪里。冰箱或橱柜里塞了满满的食物，你可以随心挑选自己想吃的东西。

06 | 你吃某种食物是因为你喜欢吃，而不只是为了活下去。

07 | 你有一两个真正亲密的朋友。许多人在担心自己的朋友不够多，但你最终会意识到，你的朋友圈里有多少人，与你拥有多少亲密关系、陪伴、认同感和归属感无关。我们最终真正需要的是那些无论如何都理解我们（并且爱我们）的亲密的朋友。

08 | 今天早上，你能够支付坐地铁、喝咖啡或者给自己的车加油的费用。你的收入能够支撑你负担这些日常生活中的费用（通常也都是你的必需品）。

09 | 你不再是一年前的那个你了。你在学习，在进步，能够分辨出你的改变是好还是不好。

10 | 你有时间和条件去做一些超出最低生存需求的事情。在过去的几年里，你可能去听过音乐会，为自己买过书。如果你想，你可以去附近的城市旅行一天——你不必为了生存而整天工作。

11 | 你有可供挑选的衣服。你不用担心在暴风雪中没有帽子和手套。你有夏天穿的凉爽衣服和参加婚礼的礼服。你可以根据不同的场合搭配合适的服装。

12 | 你能察觉到你的生活中有不对劲的地方。第一步，也是最关键的一步就是能够察觉。你能够对自己说："有些事不太对劲，只是我现在还不确定怎样才会感觉更好些。"

13 | 如果你能够和年轻时的自己谈谈，你会告诉他："我们做到了，我们成功了，我们从那件可怕的事情中挺过来了。"人们经常将过去的创伤带到现在的生活中。如果你想要看看是不是把过去的自己带到了现在，只需要对你内心中的那个孩子说一句"你会好起来的"，再看看你会有怎样的反应——毕竟你就是他变成的那个人。

14 | 你有一个属于自己的空间。那甚至不必是一个家或公寓（如果是，那就太好了）。你所需要的只是一个房间、一个角落、一张桌子。在这里，你可以随意创作或休息；在这里，由你来决定谁能够成为你这个奇妙的小世界的一部分，以及会在这里发挥什么样的作用。这是我们能掌控的为数不多的事情之一。

15 | 你失去了一段关系。恋而失，胜于无。这至少说明你拥有过一段关系，而比这个事实更重要的是，你或你的前任没有选择复合，你因此拥有了其他可能性。

16 | 你对某件事感兴趣。有可能是如何过上更好的生活、保持更亲密的关系，也有可能是阅读、电影、性、社交或成为世界的中心，无论是什么，总有些东西能激发你探索的热情。

17 | 你知道如何照顾自己。你知道晚上你需要睡几个小时第二天醒来才能感觉良好，你知道伤心的时候可以向谁求助，你知道你喜欢做什么，你知道不舒服的时候该怎么办，等等。

18 | 你在朝着一个目标努力。即使你已经拼尽全力，仍然感觉目标遥不可及，但你还是保有自己的梦想，无论它多么模糊，多么容易改变。

19 | 但你不会为了未来去做任何事情。那些最幸福、最能适应环境的人，总是能将任何环境变成自己的理想状态。他们全身心地专注于当下，不会为未来制订太复杂的计划，也不会固执地坚持必须有什么具体的结果。

20 | 你经历过一些糟糕的事情。你可以看看你目前面临的挑战，并将它们与你曾经以为永远都无法克服的挑战做一下比较。你可以通过自己的经历安慰自己。生活并没有变得更轻松，但你变得更有智慧了。

第10篇

人们是如何阻碍自己获得幸福的

大多数人都不想得到幸福，这就是他们不幸福的原因。他们只是没有意识到这一点。

人们天生就会不惜一切代价追逐自己最重要的欲望。（想象一下人们在生死攸关的紧急情况下，肾上腺素激发出的超能力。）问题是，最重要的欲望是什么。通常是舒适感，或者是熟悉感。

人们阻碍自己获得幸福的原因有很多，大都是人们认为幸福就意味着他们要放弃更多的东西。没有人愿意相信幸福是一种选择，因为那意味着选择幸福的责任就在他们自己身上。这和人们自怨自艾的原因是一样的：拖延行动，向外界抱怨，仿佛只要越努力哭诉事情有多糟糕，别人就越有可能来改变这些糟糕的事情。

如果某个随机事件正好符合你的设想，因此让你感到开心，这并不是幸福，至少不是可持续的幸福。真正能带来幸福的东西都是有意争取来的，需要你付出心力，日复一日地坚持，获得幸福的起点是你主动选择要为之而努力。

根据盖伊·汉德瑞克的说法，每个人都有一个幸福承受度——幸福上限。[①]他说，我们每个人都有一个内部恒温仪，它决定了我们可以享受多少爱、成功和幸福。当我们超出内部恒温仪的设定时，我们就会做一些事情来进行自我破坏，导致我们退回到我们感到安全的、熟悉的旧有区域。这个“内部恒温仪”，也就是心理学家所说的“基线”，它能维持我们的心理健康水平，让我们能在大喜过后慢慢恢复平静，也能在经历不幸后，逐渐走出低谷，回到原来的情绪状态。

但这个“基线”也限定了我们对幸福的承受度。当幸福感开始升高，超过我们的上限时，就会触发我们的心理防御机制，让我们突然莫名感到恐慌。一旦我们在新环境中找不到曾经习惯和熟悉的感觉，我们就会不由自主地开始自我破坏。

我们天生就会不断寻求自己熟悉的东西。所以，即使我们自以为在追求幸福，实际上我们是在努力寻找我们最习惯的东西，比如我们已经习惯认为自己不配拥有幸福，我们会因为这个信念不断地刻意毁掉自己的幸福。这种心理障碍让我们无法追求自己想要的情感。而有着同样作用的其他心理障碍还有很多，以下就是其中一些例子。

01｜每个人对良好感觉的承受度都是有限的。

当情况超出这个限度的时候，我们就会进行自我破坏，以便回到自己的舒适区。我们都听过许多关于“走出舒适区”的论调，这种劝诫的确有一个至关重要的作用：它让人们开始适应那些不适，这是拓展他们幸福上限的途径。

---

① 盖伊 · 汉德瑞克（Gay Hendricks）:《大跳跃：克服你隐藏的恐惧，让生活更上一层楼》(*The Big Leap: Conquer Your Hidden Fear and Take Life to the Next Level*)。

02 | 人们喜欢保持在“好感度的上限”：每个人都希望取得一定程度的“成功”——既能被人钦佩，同时又不会对他人构成威胁。

人们做的大多数事情都是为了“赢得”爱。许多欲望、梦想和野心都是在极度渴望的心灵中建立起来的。正因为如此，一些情感最丰富的人也是最成功的：他们渴望被接受、被爱，渴望完美，并将这种渴望作为动力。

但重点在于：人们又相信，一旦自己的成功超过了某个点，其他人就会批判和嫉妒他们（而不是赞美他们），于是他们会有意中断自己的发展，或者至少尽力淡化/削弱这份成功，以换来其他人的好感与认可。

03 | 大多数人更喜欢已知的舒适，而不是未知的脆弱。

但从客观上说，“没有做过的事”会更好。如果我们用人类天生渴望的东西（舒适、包容、使命感等）重新定义“幸福”，我们就可以从那些最终与我们想要实现的目标相一致的事物中寻求舒适——而且这是我们的主动选择。

04 | 许多人害怕“幸福”=放弃追求更多。

从本质上讲，幸福就是接受，是实现最终目标，通过终点线，获得成就感。如果比赛结束，幸福也就随之消失，所以我们潜意识里就会把“幸福”、“接受”与“放弃”联系在一起。但事实恰恰相反：通往更美好的生活的道路不是“为了取得成就而一直承受苦难”，而是由过程中点点滴滴的快乐、感激、意义和目标感持续不断积累起来的。

05｜人们一旦了解了事实，就会拖延行动，而在从知道到行动的这段时间里，痛苦就会滋生。

大多数时候，我们不是不知道要做什么（或者不知道自己是谁）。这是正确和容易之间的对抗，是长期收获和短期快感之间的对抗。我们听到了本能的呼唤，但我们捂住了耳朵。这是最常见的不适根源：知与行之间的距离。我们沉迷于拖延，同时我们还会期待着转机。如果我们没有立刻采取行动，我们就会认为自己是在等待转机。而实际上，我们只是在加剧不适的感觉（在这个过程中我们的确遭受了不必要的痛苦）。

06｜人们相信冷漠能带来安全感。

我们都害怕失去组成我们生活的各种细节和人。有些人试图走在痛苦波浪的前面，一开始就不让自己想要或喜欢那些东西。其中的潜台词就是：一切都会终结，一切都是无常，虽然这种说法或多或少可以算是正确的，但还有一种更正确的说法，那就是死亡赋予了生命意义。正因为我们会失去我们所拥有的，它们才变得神圣、珍贵和美妙。重要的不是你遭受了什么痛苦，而是你受苦是为了什么。你可以选择不让自己感觉良好，以此来缓冲失去的痛苦，你也可以选择拥有恣意的生活，在它结束时深深怀念——至少觉得这个终结是有意义的。

07｜很少有人知道如何练习感觉良好（也不知道这样做是有必要的）。

提高你的上限，提升你的基线，最终适应你生活的新篇章，而不是仅仅因为不熟悉就破坏它们，这几乎是人生所必需的。练习感觉良好，就是花一点时间让自己真正去感受。把这种感觉再延长几秒钟，思考一下你感激的事情，在心中反复回味。寻找积极的事物，你会发现，只要你相信你可以，你感受的阈值就会提升。

08｜人们认为幸福是由所处环境决定的，而不是一种感知/意识的选择和转变。

那些坚信环境创造幸福的人似乎是不会动摇的——他们的固执是有道理的，我们都很喜欢这样想，因为这更容易实现。那么为什么不能坚定地支持它呢？因为它终究还是错误的。它意味着你必须等待幸福的到来，但正如我们所知，除非你的幸福基线整体提高，否则你的幸福就只是一个个高低起伏的点，你余生所追求的，也只能是从一个高点到另一个高点。从统计数据上看，世界上最幸福的国家并不富有。有一些人非常有名，心态又很平和，世界也因为拥有了他们而变得美丽，但他们去世时名下财产寥寥无几。这些人的共性就是使命感、归属感和爱：无论物质环境如何，你都可以选择去培养这样的品格。

09｜大多数人不知道他们的基线是可以改变的，因为这种基线总是根据“一个人的自然状态”来设定的。

有些话我都听过一千次了。那个焦虑的女人说：“我就是这样的人。”那个男人对许多事有非理性的恐惧，他觉得这都怪“他的性格”。事实上，没有什么东西肯定是你本质的一部分，除非那是你自己的决定——尤其是焦虑和恐惧。实际上，这些东西从来都不是任何一个人的一部分，它们是后天习得的行为，是不受控制的自我反应，是我们内心深处的映射。心底的声音告诉我们有些事情是不对的，但我们又在极力避免做出改变（如果情况无法控制，我们往往就会转移注意力，而不是做出改变）。

10 | 人们相信苦难使他们有价值。

在生活中，我们能拥有一些美好的东西，并且没有怎么为之吃过苦，不知何故，这总会让我们觉得自己并没有真正“赢得”它们，因此它们也不完全属于我们。但另一方面，认为美好、幸福不需要有意识地去争取，去创造，就可以很轻易地属于我们——这种想法也是可怕的，因为这样很可能也会造成相反的结果。

11 | 许多人相信他们可以战胜恐惧，到达终点。

我们总是处于焦虑状态，它让我们不必停留在两个极端。毕竟，无论是对任何事情都不着急，还是对一件事太过在意，都会将我们彻底击垮。

焦虑会让我们想到最坏的可能，于是当这样的情况真的发生时，就不会给我们造成那么大的痛苦。我们会思考每一个看似不合理的可能，这样我们就能时刻记在心里，为它做好准备，不会让它给我们来个突然袭击。我们试着去想象每一种别人可能会说的关于我们的坏话，这样当他们真的说了时，我们就不会感到惊讶。

但这什么都不会改变。仍然会有你想不到的困难发生。你也永远不知道人们真正在想什么，想得又有多么频繁。你永远无法准备好应对你的非理性恐惧，因为你不具备这样的心理素质。你不可能战胜恐惧，到达终点。你不是在逃避痛苦，而是在积极地追求更多的痛苦。

12 | 幸福的人通常被认为是天真和脆弱的。

幸福的人总是被污名化，他们被认为是天真无知、盲目乐观、充满幻想、与现实脱节的——有这样看法的，往往都是那些尽其所能为自己无法控制的消极情绪辩解的人。他们没有选择更好的生活，他们才是真正天真和脆弱的人。“幸福的人”也许会失去曾经拥有的一切，但那些从来不曾投入地生活过的人，根本就什么都没有。

— 第11篇 —

追求卓越的幸福

埃里克·格里滕斯认为，幸福有三种基本形式：简单享受的幸福、回顾感恩的幸福和追求卓越的幸福。[①]他将它们比作三原色，是构成整个色谱的基础。

简单享受的幸福在很大程度上是感官带来的——你饥肠辘辘时吃下的一顿美味大餐，雨后空气的味道，在温暖舒适的床上醒来。

懂得感恩的幸福是看着你的一生挚爱睡在你身边，悄悄说一声“谢谢”；是认真看待你拥有的一切；是在你和某个德高望重的人说话时，表现出谦卑和敬畏。

追求卓越的幸福来自对伟大事物的追求。不是你到达山顶后怀着胜利的喜悦攥起拳头的那一刻，而是爱上徒步旅行的过程；是一项有意义的工作；是心流；是一个目标，它成就了我们的身份，塑造了我们的品质，引导我们投入精力去追求更伟大的事业，而不是每天贪得无厌地追逐我们转瞬即逝的欲望。

---

① 埃里克·格里滕斯（Eric Greitens）：《复原力：来之不易的智慧引领美好生活》（*Resilience: Hard-Won Wisdom For Living a Better Life*）。

就像去掉三原色中的一种就不可能再有其他许多颜色（没有黄色，就不可能有任何一种绿色）一样，没有这些幸福中的任何一种，一个人就几乎不可能健康成长。

一种幸福不可能代替另一种幸福，它们全都必不可少，但我们有时还是会想要让它们相互取代。

例如，一个人不想去追求卓越，只想拥有简单享受的幸福，比如过度饮酒。但这不是，也永远不会是解决方案。

“无论多少红色混合在一起，都永远无法产生蓝色。单一的享乐无法让你获得完整的幸福。”

追求卓越的幸福是情绪复原力的体现，属于马斯洛需求层次的最高等级。它需要理性而审慎的思考和始终如一的坚持。人们通常会避免付诸行动，因为其中的辛苦和不适是显而易见的，而奖赏效应并不会立即产生。在马拉松训练的最初几天，当你的肺部感到疼痛并想呕吐时，你不会有任何兴奋感。但假以时日，你会发展出你的技能。你开始想象你能取得怎样的成就。那时你才会爱上这个过程。

虽然这三种幸福是不同的，但它们都由环境决定。一个三天没吃东西的人比那些对食物和住所格外挑剔的人更能体会到简单享受的幸福。

同样地，有一些人从来都不曾体会过为某件事而努力工作所带来的力量和乐趣。他们对工作没有激情，只是机械地完成任务。他们不知道付出努力的另一面是丰厚的回报。

我们中的许多人都看不到生活的乐趣与复杂性。这是因为我们缺少了基础三原色的一部分。我们想要成为作家，却不想养成每天坐下来连续写四个小时的习惯。我们都想成为传奇人物、天才和大师，却不愿付出持续不断的努力，进行一万小时的专注训练[①]。

幸福不仅仅是感官的刺激，还是一种内心的平静——只有当我们知道自己正在成为我们想成为的人、我们需要成为的人时，才会拥有这份平静。这就是追求卓越的幸福：不是成就，而是身份认同，是一种自我意识，我们可以把它带到人生的其他一切事物中。它是一种能使整个光谱熠熠生辉的神奇颜料。

---

① 一万小时定律是作家马尔科姆·格拉德威尔在《异类》一书中提出的定律：人们眼中的天才之所以卓越非凡，并非因为天资超人一等，而是因为付出了持续不断的努力。一万小时的锤炼是任何人从平凡变成世界级大师的必要条件。

——编者注

第12篇

知行差距：究竟是什么阻止我们行动

古希腊人称之为“无自制力”（Akrasia），禅宗称之为“阻抗”（resistance），我们一般称之为“拖延”，互联网上的每一位效率大师都称之为“拖延症”。杰弗里·普费弗和罗伯特·萨顿称之为“知行差距”，也就是知道得太多，行动得太少。[①]

常识告诉我们，如果我们每晚多花一个小时写小说，吃得更好，醒得更早，选择积极的想法，诚实地说话，更真诚地交流，我们的生活就会更好。但真正的问题，以及真正要做的，不是去了解什么对我们有好处，而是我们为什么选择了其他。了解阻力的构成是我们拆解它的唯一方法。

我们进行自我破坏的原因有很多，其中大多数与舒适有关。现代社会（创新、文化、财富、成功）旨在让我们相信，“美好的生活”是最舒适的，能够提供给我们一种没有痛苦、绝对安全的感觉。人类天生追求舒适，这是我们的生存本能——我们的生理设计就是这样

① 杰弗里·普费弗（Jeffrey Pfeffer）、罗伯特·萨顿（Robert Sutton）：《工作最怕光说不练》（*The Knowing-Doing Gap: How Smart Companies Turn Knowledge Into Action*）。

的。在求知需求和情感需求被充分满足后，我们开始追求舒适。

要让自己摆脱阻力，就要改变你对舒适的认知。你可以考虑另一种选择，改变你的心态，认真去思考如果你不做眼前的事情，你将面临的不适，而不是总想着如果你做了会有怎样的不适。

如果不加以控制，这种知行差距会让你永远无法变成你想成为的那种人。它会破坏你最亲密、最有激情的关系，让你效率低下，无法实现目标。它会让你处于一种焦躁的、优柔寡断的状态——我应该做，还是不应该做？我要让哪种感觉引导我？——你必须控制自己，你可以从长远眼光来看这个问题：如果做出另一种选择，如果你不做这件事，你的生活就会变成什么样？

你将如何量化今年的表现？你都会做些什么？你会浪费多少时间？如果你的余生都将像今天这样一天一天地重复，那么你会迎来什么样的结局？你会完成哪些目标？你会有多幸福？你会建立什么样的关系？当你回首往事时，你会不会意识到，你因为没有“准备好”而错过了生命中的真爱？那些你本可以用来弹琴、写作、绘画或做其他事情的时间又被用来做了什么？时间都到哪里去了？

你永远没办法为重要的事情做好准备。如果要等到自己感觉准备好了才开始，结果只会是知行差距不断扩大。踏踏实实地工作，提高你的耐受度，对你最深爱的人表白，这些都不会那么令人“舒适”，如果一辈子都没有什么真正想要的东西，那就再舒适不过了。

焦虑会在我们无所事事的时候累积。当我们逃避工作时，恐惧和阻力就会滋生。其实大多数事情并不像我们以为的那样困难。你最终甚至会发现它们是有趣的、回报丰厚的，能够让我们实现真正的自我。

这就是我们需要行动的原因。你为此而迈出的每一小步都会提醒你，你做的是正确的，会让你感到舒适和平静——如果只是停留在空想阶段，你永远也无法感受到这份平静。用一种新的思维方式行动，要比用新的行动方式来思考更容易。所以不如今天就做一件小事，让自己开始产生动力。

感谢你内心中的那些力量，它们让你知道，有更伟大的东西在等待你——它们会推动你放弃一时的舒适，去追求更长久的舒适。

— 第13篇 —

比那些消耗你的事更值得思考的101件事

01 | 拥有你想要的生活会是什么样的感觉。你要住的地方，你要穿的衣服，你要在超市买什么，你能存下多少钱，什么工作最让你感到自豪，你周末会做什么，你的床单会是什么颜色，你会拍什么照片。

02 | 你需要改进自己的那些部分，不是因为别人不喜欢，而是因为你不喜欢。

03 | 事实上，有时候，自爱的终极表现是承认你不喜欢自己，并采取措施做出一些改变——因为你知道你可以做得更好。

04 | 列出最适合你的事情，以及这些事情带给你的相似感受。

05 | 你将如何总结今年。你想告诉别人你读过多少本书，完成了多少个项目，你培养或重建了多少友情和亲情，你是如何度过每一天的。

06 | 过去那些你认为自己熬不过去的事情，在今天看来是多么微不足道。

07 | 你今天将创造什么，你会吃什么，你将与谁建立联系。（这些才是真正与你有关的事情。）

08 | 如何才能达到最好的学习效果；如何才能将学到的东西更多地应用于生活（做一些更实际、更具实践性的事情，或者更好地倾听，更多地尝试，等等）。

09 | 事实上，你不需要特别漂亮、有才华或成功，就能体验到那些让生活变得有意义的东西，比如爱、知识、人与人的连接等等。

10 | 在宇宙中，尽管我们都是微不足道的小点，但我们也是构成人类的核心要素，没有我们中的任何一个，一切就不会以现在的样子存在。

11 | 可以适当地调整措辞，坚持练习说话的技巧。

12 | 今天早上遇到的对你微笑的人，你经常发信息聊天的人，你应该多去看望的家人——这些微不足道却真诚的人际关系，只因它们已经存在，就被你忽视了。

13 | 20年后你将如何记起这段时光。你希望自己做过或不再去做的事情，你忽略的事情，你没有意识到自己应该感激的那些小事。

14 | 你真正记得的日子有几个。

15 | 20年后你可能不会记得这一天。

16 | 你现在可以诚实地说，你不喜欢那个已经和你分手的人的一切，在情感上你不必再骗自己。

17 | 列出你最近为自己做的所有事情。

18 | 可以提高你日常生活质量的方法，比如学习做一道简单的拿手菜，或者清理你的衣橱。

19 | 你失败的人际关系有着怎样的模式，以及你能容忍何种程度的过错。

20 | 当你纠结于某些“问题”的时候，实际上在潜意识里你很依赖它们。没有人会抓住某样东西不放，除非他们认为它是有帮助的（他们通常都相信它能带来“安全感”）。

21 | 也许你当前的问题并不是问题本身，而是你的感知是扭曲的，或者你过度关注自己的不适，却没有认真思考过解决方案。

22 | 想想失败的真正原因，以及你要如何做得更好，不仅为了你自己，也为了那些爱你和依赖你的人。

23 | 你现在的境遇虽然可能是意料之外的或是你不希望发生的，却也可能是通往你真正的理想目标的道路——只要你开始朝着这个方向想。

24 | 你会如何死去。

25｜如何更积极地利用和欣赏你目前拥有的一切。

26｜在别人眼中，你的生活是什么样的。关注这一点不是因为其他人的看法比你自己的感觉更重要，而是因为换一个视角看问题很重要。

27｜你人生中已经取得的成就。

28｜当一切尘埃落定时，你希望被如何定义。你想被看作什么样的人？（和善的？聪明的？慷慨的？脚踏实地的？乐于助人的？）

29｜基于你一贯的行为和互动方式，你会被如何定义。这是你真正想要的吗？

30｜你对事实和真相毫无依据的假设，是如何影响你对现实的看法的。

31｜在你默认的思维方式之外还有什么其他选择。如果你假设的事情不是真的，那什么才是真的？

32｜你正在研究的任何东西的细节。

33｜你该如何将更多的时间、注意力和精力投入到有价值的工作中去，而不是浪费在让你分心的事情上。

34｜如何帮助别人。哪怕只是和老朋友坐下来聊聊天，请别人吃顿晚饭，分享一篇文章或一句让你产生共鸣的名言。

35 | 其他人的动机和欲望。

36 | 事实上，你不会用别人的思考方式去思考。也许你和他们之间的问题其实并不是问题，问题是你对他们（以及他们对你）理解上的偏差。

37 | 你认识的人的性格特点，以及他们告诉你的真实的一面。

38 | 事实上，我们总是假设别人就像我们想象的那样，这种印象来自我们在一起时的情感体验，而不是他们在行为中向我们展示的模样。通过人们不断重复的行为来评判他们才更准确。

39 | 如果你能告诉世界上的每一个人一件事，你会说什么？

40 | 如果你能告诉年轻时的自己一件事，你会说什么？

41 | 要学会演奏你最喜欢的歌曲所需要的每一种乐器，你要练习多少年？可以想见，仅仅是创作出一段旋律就需要怎样的能力和创造力，更不要说是一段打动你的音乐了。

42 | 你的食物是从哪里来的？

43 | 你的大目标是什么？如果你不知道你在自己宝贵而有限的时间里通常都想做些什么，你就什么都不会做。

44 | 如果你要搬到国家的另一端，但只能带走一箱东西，你会往箱子里放些什么？

45 | 清空你的未读邮件。

46 | 你的宠物有多爱你。

47 | 当痛苦出现时，你如何以健康的方式让自己充分感受和表达痛苦（而不是惊慌失措，试图尽快摆脱痛苦）。

48 | 剧情的转折。在你最喜欢的书中，你最喜欢的人物之间有着怎样错综复杂的矛盾。

49 | 如果你自己的欲望和兴趣不再是你唯一优先考虑的，你会愿意为谁而活？

50 | 未来的你会如何看待与评价你现在的境况？

51 | 一次即将到来的旅行，不管有没有预订好行程。你要做什么？你要拍些什么照片？你可以探索些什么？你会和谁在一起？你会见到谁？

52 | 你人生中最艰难的夜晚。如果还有机会，你会做出怎样不同的选择？如果你能回到那个时候，可以给过去的自己一些建议，你会说些什么？

53 | 你人生中最美好的夜晚。不仅仅是你在做什么，和谁在一起，还有你在想什么，你在关注什么。

54 | 事实上，做任何事都不容易。谈恋爱很难，不谈恋爱也很难。能够为你热爱的工作全情投入很难，到了一定年纪不活在自己的幻想中也很难。一切都不容易，关键在于你觉得自己付出的努力是否值得。

55 | 你认为值得付出的努力。你愿意为之付出的代价。

56 | 你喜欢的审美。你希望有一个什么样的空间——你不仅想要在那里生活和工作，而且还能在那里真实地做自己。

57 | 你认为哪些行动、选择和行为可以拯救你的父母。

58 | 你独有的、埋藏最深的那个恐惧。

59 | 你独有的、埋藏最深的那个恐惧说明了你独有的、埋藏最深的那个渴望。

60 | 那些小小的惊喜。夏天打开窗户时飘来雨水的味道，你最喜欢的T恤，你小时候喜欢的歌，你肚子饿的时候最想吃的食物。

61 | 你的故事。你经历过的那些奇怪、简单和美好的事情，以及你如何更好地与别人分享。

62 | 如果不是恐惧，还有什么会驱动你？

63 | 如果不是恐惧，其他因素会驱动你做些什么？

64 | “足够”对你意味着什么。足够的钱，足够的爱，足够的创造力。感到满足的前提是知道什么是“足够”，否则你只会不断地寻求更多。

65 | 你的梦想时刻。所有你爱的人都来参加你的生日会，或者坐飞机去泰国，或者减掉了身上的肥肉，或者无债一身轻，或者装修了房子。

66 | 如果你每个月有1000美元的额外可支配收入，你会用来做什么？

67 | 你可以采取什么行动，让自己朝着你想要的生活方向前进——你可以去哪里寻找建立关系网的机会，在附近的城市你可以找到和拜访哪些朋友，怎样才能多出去走走。

68 | 阳光照在皮肤上的感觉。

69 | 春天的气息。

70 | 如果没有几个小时或者几天时间，而是只有几分钟，你能做些什么？

71 | 你对自我的认知有多少是根据文化、社会期望以及他人的观点建立的？

72 | 你对自我的认知在多大程度上是依靠文化、社会期望以及他人的观点支撑的？

73 | 当你独自一人的时候，你是谁？

74 | 你年轻的时候想成为什么样的人，这些想法又如何影响着你现在的生活？

75 | 如果整个时空实际上是由你控制的全息幻象，你将有什么不同的表现？

76 | 如果你的命运取决于你在某个特定时刻的想法和行动，你会有什么不同的想法和行动？

77 | 各种古代哲学理论，哪一个让你产生最深刻的共鸣？

78 | 还没有写出来的歌曲的旋律。

79 | 事实上，改变人生的方法就是改变你的思维方式，而改变你思维方式的方法就是改变你阅读的内容。

80 | 如果你根据自己的兴趣而不是别人的“好评”来选择书籍和文章，你会读些什么？

81 | 如果你根据自己的兴趣而不是别人的“好评”来选择音乐，你会听些什么？

82 | 真正让你兴奋的东西。

83 | 你最欣赏别人身上的什么品质？（这也是你最喜欢自己的地方。）

84 | 你最不喜欢别人身上的什么品质？（这是你发现自己不具备，或者不喜欢自己的地方。）

85 | 爱会如何拯救你的人生，如果它能做到的话。（它的确可以。）

86 | 宇宙是多么无垠；我们是多么渺小。也许每个人都是另一个人的投射和延伸。

87 | 问题是多么复杂；答案却又是多么简单。

88 | 对你来说，“正确”是什么感觉？人们往往只注意到一些警告错误的信号，却会忽略掉那些表明正确的微弱信号。

89 | 你生命中几乎每一次重要的进步中，有多少随机的、偶然的事件。

90 | 有些箴言能够支持你坚定不移的信念，即未来终将不同，而你将找到实现的方法。

91 | 事实上，那种值得选择和维持的爱，就像倾斜的地轴，它让世界不再是原来的样子。

92 | 如何更好地辩论。如何以雄辩的姿态表达你的想法和感受，同时又不会引起别人的防御，不会在你们应该加强沟通的地方引发争论。

93 | 如果你的主要兴趣不再是你的欲望和需要，你活着的目的是什么？

94 | 那些依赖你的人，如果你不再出现在他们的生活中，他们会有多么绝望。

95 | 如果你继续保持现在的状态，5年后你会成为什么样的人？会在哪里？

96 | 到目前为止，你人生中学到的最重要的事。

97 | 到目前为止，你是如何学到这些最重要的事的。

98 | 有多少人夜不能寐，希望他们能拥有你所拥有的东西——工作、爱情、住所、教育、朋友等等。

99 | 在你的一生中，有多少次你夜不能寐，希望能拥有你现在拥有的一切——工作、爱情、住所、教育、朋友等等。

100 | 你可以做些什么来不断提醒自己这一点。

101 | 你实现得最充分的自我是什么样的？那个最好的自我是怎样想的？他感激什么？他爱谁？要成为你想成为的人，第一步，也是最重要的一步，就是去设想你最好的自我。一旦你完成了这一步，其他的事情也就顺理成章了。

— 第14篇 —

你必须在20多岁的时候放弃这些想法

01｜你注定是不平凡的。

不平凡的人就是那么——罕见。认识到这一点并不意味着你放弃了自己的潜力，只是说明你正在放弃那些关于做完美的自己和过最好的生活的幻想。我们总是鼓吹概率为“十亿分之一”的成功故事，好像这是努力工作和实现自我的最终目标。但它不是。真正的问题是，即使无人喝彩，你仍然愿意做什么工作？有什么事即使无人关注依然值得去做？如果不被大多数人认可，你该如何从有限的几个人那里感受到爱？在平凡中发现不平凡，才是真正的不平凡。

02｜你的人生才刚刚开始。

有些读到这篇文章的人可能生命终止于20多岁。有些人活不过中年，甚至活不过今年。如果有必要，可以在你的桌子上放一个头骨模型——没有人会认为自己可能英年早逝，但这并不意味着这种事不会发生。

03｜你的缺点更容易被原谅，你的优点也更与众不同。

很多人都有这样的心态，认为自己不需要为自己的优柔寡断负责，认为自己在擅长的领域比别人做得更好，但这些想法最终只会让你变得渺小。

如果你不承认自己做出的错误选择带来多么严重的后果，你肯定会再次做出同样的错误选择。如果你因为表现得比别人稍微好一点点，就以为可以敷衍了事，那么你永远不会真正尽力做任何事。

04｜你可以成为任何你想成为的人。

如果你没有火箭科学家的智商，你就成不了火箭科学家；如果你不具备成为一名专业舞者的身体协调性，你就不会成为一名专业舞者。非常想要某样东西并不意味着你就有资格拥有它。

你不可能成为任何你想成为的人，但如果你努力工作，坚持不懈，并且碰巧出生在有利于你实现目标的家庭中，你也许可以做一些能力和兴趣相结合的事情。如果你真的很聪明，你就会知道这是多么值得感激的事情，哪怕条件非常艰难，聪明也会帮到你。

05｜你可以战胜痛苦。

你不能想办法摆脱痛苦。你无法预测它，无法避免它，或假装你没有感觉。这样做只会让你活出命中注定的一小部分，也只会让你实现一小部分理想。

06｜爱是别人给你的东西。

人们无法改变别人的情感。有趣的是，人类这种生物是如此痴迷于让别人爱上我们。这是因为当我们相信别人爱我们时，我们才允许自己去感受爱。这是一种心理游戏，我们要依靠除自己之外的所有人来感受我们内心的东西。（如果你认为爱存在于任何地方，只是不存在于你的头脑和内心，那么你永远不会拥有它。）

07｜深深相信某些事是“命中注定”的。

无论你经历的事情（或者遇到的人）给你留下了多么深刻的烙印，都不能说明它是“命中注定”的。很多人都相信他们在自己的领域注定会扬名立万，但他们其实没有技能或勇气做到这一点。大多数结了婚的人都相信他们的婚姻选择是正确的，但这并不意味着未来有一天他们不会离婚。

分手是注定的。失业、受伤和失望也是如此。我们是怎么知道这些的？因为它们经常发生，所以它们是人生最关键的转折点。忘掉你梦想中的人生终局吧。它永远不会以你认为的方式存在，它只会让你浪费掉现在所拥有的一切。我们最终的目的地只有一个——你唯一正在奔赴的就是你生命的终点。

08｜如果你是为自己而努力，你就不会再陷入挣扎了。

只要你为自己付出足够多的努力，你就会明白奋斗的目的是什么。

09｜你能够控制别人对你的看法。

你可以控制你对待别人的方式，但你不能真正控制别人的想法。你以为你的某种行为方式会引起某种反应，这是一种错觉，它会让你一生都在控制自己，让你无法成为你想成为的人，无法过上你想过的生活。那这样做又是为了什么？无论如何，人们都会根据自己的主观感知来评判、批评、谴责、喜欢、钦佩、嫉妒和崇拜他人。

10｜努力工作是成功的保证。

如果你想把任何一个特定结果作为你努力工作的最终目标，你很可能会以失望告终。努力工作的关键在于认识到它会使你成为什么样的人，而不是它让你“得到”些什么（前者你可以控制，后者你不能控制）。

11｜只要环境改变，你的想法就会自动改变。

大多数人认为当他们的生活改变时，他们的想法也会改变。当有人爱他们时，他们会认为自己值得被爱。只要他们有了钱，他们就会有不同的心态。不幸的是，事实恰恰相反——例如，当你对金钱有了一种新的心态时，你就会开始采取不同的行为方式，然后你的财务状况就会改善。你的思想创造生活，而不是生活创造你的思想。

12｜其他人要为你的感受负责。

只有在家里，你才能决定让什么人留在你身边，还有身边的人会对你说什么。除此之外，你只能生活在一个由许多人组成的多样化世界里，这些人的观点可能会在某些时候“冒犯”你。如果你认为自己是他人生活的焦点，并要对每一个没有与你的信仰体系发生共鸣的评论和想法进行意义上的探究，你的生活将会变得非常艰难。你的愤怒不会改变别人对你的想法和态度，你需要做出解释、引导和分享。防御永远不会带来成长，它会阻碍成长。

13｜情商就是从不出错的镇定；自尊就是相信自己“非常非常好”；幸福就意味着生活中没有任何问题。

情商是管理情绪、自我激励和识别他人情绪的能力；自尊是相信你值得爱和被爱，尽管你并不是十全十美；幸福取决于你如何处理你的问题，以及你是否看到了它们为你提供的机会。

14｜对的人会在对的时机出现。

当你生命中的真爱到来时，你不会是准备好的。无论是获得梦寐以求的工作、买房子、生孩子、辞职去写你一直想写的书还是生病、失去亲人、自己离开这个世界，可能你都没有准备好。如果你要等待“准备就绪”的感觉，你将永远等待下去，更糟的是，你将错过摆在你面前的最好的东西。

15｜你可以延迟你的幸福，或者把它像钱一样存进银行。

人们延迟幸福是为了确保自身安全。他们一心想要找出需要解决的新问题和需要克服的新障碍，直到他们能够感受到幸福——尽管他们知道幸福早就在他们的生活里。你无法储存你的幸福。你可以在那一刻感受它，也可以错过它。就是这么简单。幸福无论如何都是暂时的。唯一的变数是你能否在那一刻感觉到它。

16｜焦虑和消极的想法是令人厌恶的，你必须学会打败它们。

焦虑是让你——以及我们整个物种——存活下来的主要驱动力之一。与过度的焦虑对抗，通常意味着你没有认真倾听它的声音，或者你的生活中存在一些巨大的问题，你不愿解决，也不采取行动。消极思维的力量在于，它告诉我们什么是重要的，以及我们需要如何应对生活。

17｜只关注自己的需求会让你更幸福。

互联网上的许多信息都会让你相信，满足自我就能带来幸福。它的确是幸福的基础。它很重要，但它不是人类赖以生存的条件。为了你爱的人和你相信的事情做出承诺，做出牺牲，不断努力，这些才会让你觉得生命是有价值的。满足自己的需求是第一步，但不是最终目标。

— 第 15 篇 —

如果你不知道自己在做什么，就读读这篇文章

如果你问任何一个年轻人，生活中的主要压力源是什么，那很可能是与不确定性有关的东西。归结为一句话，那就是："我不知道自己在做什么。"

这句话你听过多少次了？（这句话你自己说过多少次了？）也许是很多次。实际上，从幼儿园开始，我们就被灌输了一大堆由社会精心设计的废话，它们阻碍了我们的成长。

没有人——我们之中没有一个人——知道"我们在做什么"。我们没办法看清生活的全貌，至少现在还不行。我们不知道五年后我们会做什么。假装可以预测未来是不负责任的，而且是在切断我们和内心导航系统的连接，让我们无法好好生活。我们以为的正确道理只会起到相反的效果。

你根本不亏欠年轻时的自己。无论你曾经以为自己会成为什么样的人，你现在都没有责任必须去做那个人。

但你的确对今天已成年的自己有所亏欠。

你知道为什么你没有得到曾经想要的东西吗？你知道为什么你没有成为你曾经想成为的人吗？因为你再也没有那样的渴望了。这不是什么严重的问题。如果你还想，你就会得到那些东西，你也会成为那

个人。

如果你想知道“应该怎样生活”，很可能你已经开始意识到自己正处于某种不确定的边缘状态——开始放下过去的那些渴望，允许自己去追求现在的目标。

知道“自己在做什么”，会降低你的渴望。它用一种幻觉来抚慰你的心灵，让你相信道路就在你面前，你不再需要选择，换句话说，你不再需要负责任地去思考你想成为什么人和需要成为什么人。

渴望也是很重要的。彻底的满足很快就会变成自满。当人们感到满足时，就容易安于现状，不再成长进步，从此停滞不前。

所以，让“你知道自己在做什么吗”这样的问题见鬼去吧。

你今天要做什么？你爱谁？你有什么心事？假如你成为你想成为的人，你今天会做什么？如果没有社交媒体，你会做什么？这个周末你想做什么？

“我想要什么？”这是你每天都需要问自己的问题。只有那些实实在在的事情会贯穿你的一生，那些一次又一次出现在你生命中的，才是你要追随的。它们会成为你愿意停留的地方，成为吸引你的人，还有你做出的选择。最后胜出的一定是最核心的事实，尽管其他事实也同时存在。

听它说：我现在想要什么？

— 第 *16* 篇 —

8种认知偏差正在塑造你体验人生的方式

好消息是，你的生活可能和你想象的不一样。不幸的是，这也是个坏消息。正如诺贝尔经济学奖得主、心理学家丹尼尔·卡尼曼（Daniel Kahneman）所言："自信并不源于你知道多少，而是你知道的某件事是否能顺利地连贯起来，知道得越少，越容易做出判断，而且是纯粹的判断。"

然而，这种认知工具不仅仅来自我们的体验、希望、欲望和恐惧，还有阻止我们看到客观事实的认知偏差。从某种意义上说，我们所谓的现实全是主观经验。没有意识到这一点的人会认为他们的主观经验是客观的。我们无法和平共处不是因为物质的缺乏或固有的社交功能障碍，只是因为对我们栖居的身体缺乏最基本的了解。

这种现象从古希腊哲学开始就在研究，通常它被称为"天真的现实主义"（naïve realism）。它假设我们看到的世界是真实的，我们的印象是对现实的客观准确的反映。心理学家大卫·麦克雷尼（David McRaney）对它进行了如下说明。

"过去一百年的研究表明，你和大家仍然在相信某种形式的天真现实主义。你仍然相信，尽管你接收到的信息可能不是完美的，但只要你开始思考和感受，这些想法和感受就会是可靠的和可预测的。现在我们知道，你永远不可能了解一个‘客观’的现实；我们也知道，你永远不可能知道有多少主观现实是虚构的，因为除了你大脑中输出的信号，你从来没有体验过任何其他事情。发生在你身上的一切其实都只发生在你的大脑中。”

那么，是什么样的认知偏差如此深刻地影响着我们？首先，有很多可以进行定义和分类的认知偏差，同时没有什么能阻止你创造自己特有的认知偏差——事实上，大多数人都可能会这样做。这些认知偏差很可能来自以下因素的某种组合。

01 | 投射

因为我们对世界的体验只能通过感官，并且会受到心理作用的影响，于是我们不可避免地会将自己的偏好和思想投射到我们所看到的事物上，并对它们做出相应的解读。换句话说，世界不是现在这副样子，我们才是这副样子。我们会因为自己的“古怪”和“与众不同”而过高估计他人的普通和正常的程度。我们总以为其他人会像我们一样思考，因为我们对世界的内在叙事和信息处理就是根据我们所知道的一切。

02 | 推断

推断是指我们把当前的状态投射到整个人生。我们根据当前形势做出推断，然后开始相信事情一直都会这样——这就是为什么不幸总是如影随形，而幸福又总是转瞬即逝（因为担心幸福不会永远持续，所以我们放弃了幸福；因为担心悲伤会永远持续，所以我们不断制造悲伤）。

03 | 锚定效应

我们太容易被第一次听到的信息或第一印象所影响，就像沉入海底的锚，把思考固定在某处。例如，我们的世界观往往来自我们的父母，而不是我们发自内心的信念。在谈判中，第一个说出报价的人就创造了一个“锚点”，后面的砍价都会围绕着这个价格。如果你听说有三个人出版了书，你只会根据第一个人的信息，设想你出书后能得到的报酬。

04 | 负面偏好

我们喜欢围观车祸，总是对坏消息投入更多关注，并发现自己痴迷于生活中的负面新闻和八卦消息——这并不是因为我们心理变态或者是受虐狂，实际上这是因为我们只具备选择性关注事物局部的能力，并且我们认为负面消息更重要，更有深远意义，是我们首先应该关注的。另外还有一部分原因在于神秘性的本质（当我们不了解存在主义的消极一面时，我们就会被它吸引）。

05 | 保守主义

保守主义是“锚定效应”的姐妹，它指的是只有我们先相信了某件事，才会更加相信它。换句话说，这是对接受新信息的恐惧，哪怕那些信息更准确或更有用。

06 | 聚类错觉

“聚类”指的是你开始在随机事件中看到某种规律，但这其实只是你在潜意识里做出的主观判断。比如你开始到处看到你想要的车，或注意到每个人都穿着红色的衣服。这是你在潜意识里创造出的规律。在其他人眼里，这个世界仍然是随机的。你只是在寻求一种带着偏见的确认。

07｜寻求确认

寻求确认是最常见的认知偏差之一。我们对某个观点或问题往往会有先入为主的判断。如果我们只选择性地听取支持和证明我们的观点的信息，就会发生这种情况。

08｜选择支持偏差

比起不是你选择的某件事，你会更积极地看待你主动“选择”的事，并刻意忽视它的缺点。这就是为什么我们需要自主决定什么是适合我们的，而不是由外界因素替我们决定——这一点非常重要，它决定了我们对那件事的态度。

— 第 17 篇 —

内心强大的人不会做的事

01 | 他们不认为自己的每一种感受都有意义。

他们不会为自己感受到的每件事赋予价值。他们知道看法不是事实。

02 | 他们不会因为自己的错误而惴惴不安。

他们知道，一个错误的观念或想法并不会使他们失去作为一个人的价值。

03 | 他们不会用逻辑来否认自己的情绪。

他们会认可和接纳自己的感受。如果别人有某种特别的感受，他们也不会说那是“不应该”的。

04 | 他们不会对看到的一切都赋予意义。

特别是，他们并不认为他们所看到或听到的一切都与他们有关。他们不会拿自己与他人进行比较，因为这种比较往好里说是愚蠢的，往坏里说是自私的。

05 | 他们不需要证实自己的力量。

他们不会夸张地表现出无所不能的样子，相反，他们的性格往往是平和自在的，这说明他们是真正有安全感的人。

06 | 他们不会逃避痛苦，哪怕他们同样会害怕痛苦。

他们懂得如何应对因为打破旧习惯而产生的不适。如果人际关系发生问题，他们会探查根源，而不是逃避表面的麻烦。他们知道，不适感来自对痛苦的逃避，而不是来自痛苦本身。

07 | 他们不会通过寻找别人的缺点来抹杀别人的优点。

得知其他人获得成功，他们不会刻意去寻找人家的失误。

08 | 他们不会（过分）抱怨。

人们抱怨是希望他人知道和认可自己的痛苦，用这种方式得到他人的支持，即使这样做并不能解决问题。

09｜他们不会凡事只往坏处想。

那些爱走极端，只考虑最坏情况的人，通常没有信心在意外发生时照顾好自己，所以只为最坏的情况做准备，并在这个过程中丢弃了自己最好的东西。

10｜他们不会列出人们“应该”做什么和“不应该”做什么。

他们知道，“对”和“错”是高度主观的事情。如果你相信世界上存在一个所有人都需要遵守的行为准则，那么你只会不断失望。

11｜他们不认为自己能判断什么是对什么是错。

尤其是在为朋友提供建议的时候，他们不会认为自己的应对方式适用于所有人。

12｜他们不会从个人体验中得出具有普遍性的结论。

他们不会根据自己每天接触到的世界一角就得出关于整个人类的概括性结论。

13｜他们不会因为周围的人而改变自己的性格。

每个人都害怕被拒绝，但并不是每个人都能真正体验到无条件地做自己所带来的那种自我接纳的感觉。

14｜他们敢于为自己辩护，同时又不带有攻击性和防御性。

虽然这听起来有点矛盾，但攻击和防御意味着不安全感。冷静地为自己辩护是内心坚定和自尊的体现。

15｜他们并不认为当下的人生就是他们永远的人生。

他们总是意识到这样一个事实：无论好坏，他们的感受都只是暂时的。这让他们专注于事物积极的一面，让消极的一面更容易消失。

— 第18篇 —

我们对情绪的10个误解

01 | 精神虐待的长期影响可能和身体虐待一样糟糕，甚至更糟。[①]

精神虐待常常不被重视，因为它不一定能够被“看到”。但任何类型的虐待从长期来看，其影响的严重性都没有太大不同。精神虐待与身体虐待相似，会系统性地侵蚀一个人的自信、价值感和信念。精神虐待可以表现为多种方式，包括控制、威胁、侮辱、贬低、批评、谩骂等等。

02 | 我们对产生某种情绪的记忆已经模糊了，但那种情绪会一直影响着我们。

我们会把过去的情绪投射到现在的生活中。这就意味着，除非治

① 约瑟夫 · 斯皮纳佐拉（Joseph Spinazzola）:《对于儿童，精神虐待与性虐待和身体虐待一样有害》（*Childhood Psychological Abuse as Harmful as Sexual or Physical Abuse*），发表于《心理创伤：理论、研究、实践和政策》（*Psychological Trauma: Theory, Research, Practice, and Policy*），2014年。

愈过去发生的创伤，否则我们就永远被它控制。此外，我们的非理性恐惧和最严重的日常焦虑都可以追根溯源，我们需要解决这个源头性的问题，才能有效地阻止它们的影响。

03 | 有创造力的人会感到抑郁是有原因的。①

负面情绪的表达和体验与右额叶皮质（以及杏仁核等其他脑部组织）的激活有关。当你不断迸发出创造力，把抽象意义赋予你当下体验到的具体现实时，大脑的右额叶皮质也会被激活。

04 | 恐惧并不意味着想要逃避，反而表明你产生了兴趣。

信不信由你，与恐惧最相关的情绪是兴奋感。甚至有人说，恐惧有两张看不见的面孔：一个想要逃跑，另一个却想要探索。也就是说，没有什么事对我们来说是真正“可怕”的，除非我们想要了解它，并亲身体验它。

05 | 我们没有感受到幸福，并不意味着失败。心理健康的标志是拥有完整的情绪。

负面情绪对你有好处。事实上，只保持一种始终如一的“幸福”

① 威廉·李·亚当斯（William Lee Adams）:《创造力的阴暗面：（抑郁+焦虑）× 疯狂=天才？》（*The dark side of creativity: Depression+anxiety x madness=genius?*），发表于美国有线电视新闻网（CNN），2014年。

体验——或者任何情绪——反而可能是精神疾病的标志。我们的思想和身体根本不是这样构成的。换句话说，你不应该一直幸福。听听你的身体在告诉你什么。负面情绪是事情不太对劲的信号。情绪不必保持固定，它的作用是发出提醒你注意的信号。

06｜情绪可以“预测未来”，换句话说，直觉是真实的。

哥伦比亚大学的一项研究被称为“情绪预言效应”①。它从本质上证明，相信自己情绪的人可以预测未来会发生的事。因为他们能够深入了解自己的情绪，他们就推开了一扇通向潜意识的门，而潜意识里埋藏了很多未察觉的信息。

07｜比起身体上的痛苦，我们更能感受到社会疼痛（social pain）②，这也是一些研究人员认为社会疼痛在某种意义上更具破坏性的另一个原因。

如果某种身体上的痛苦与心理因素无关，或者更确切地说，我们不需要靠调整自己的本能才能生存，那么这种痛苦记忆很快就会消

---

① 伦纳德·李（Leonard Lee）、安德鲁·斯特芬（Andrew Stephen）、米歇尔·彭（Michel Pham）:《情绪预言效应》（*The Emotional Oracle Effect*），发表于《消费者研究》（*Journal of Consumer Research*），2012年。

② 社会疼痛是个体感觉到被自己所渴望的社会关系排斥，或者被自己渴望与之建立社会关系的同伴或群体贬损时，出现的一种特定的情绪性反应。

——编者注

失。但另一方面，我们的大脑会优先处理我们所遭受的拒绝、羞辱和其他社会情感，因为我们需要留在“部落”中才能生存。

08｜压力可能是最危险的情绪（尤其当它一直在持续的时候），但它比其他情绪更容易被忽视。

放松对你来说不是自我放纵，而是绝对有必要的。压力使你身体的每一个部分都变得虚弱，世界上最主要的死亡原因：交通事故、癌症、心脏病、自杀等等，都和压力有着千丝万缕的关系。

09｜社交媒体实际上让我们在情感上更加孤立。

在社交媒体上不断浏览他人发表的生活感想，这些碎片信息会让我们对现实产生特殊看法——与事实相去甚远的看法。我们都想知道自己是否真正达到了期望的生活标准，在这种心态下，我们因社交媒体而产生了越来越多的焦虑。我们把大部分时间花在手机上，代替了和朋友面对面的交流、聊天。我们是一种需要亲密关系（无论是否有浪漫色彩）才能生存的生物。对社交媒体的痴迷和由之产生的焦虑正在成为我们的文化中越来越有害的力量。

10｜“你无法选择性地麻痹自己的情绪。一旦你麻痹了自己的脆弱、羞耻等负面情绪，你也就同时麻痹了快乐、感恩、幸福等正面情绪。”

布琳·布朗认为，你无法只麻痹那些痛苦的情绪，因为你其他的体验也会随之陷入麻木。[1]如果你抑制悲伤，那么你也体验不到幸福。也就是说，体验所有事物，无论是好是坏，都会是一种更健康的选择。

---

① 布琳 · 布朗（Brené Brown）：《无所畏惧：颠覆你内心的脆弱》（*Daring Greatly: How the Courage to be Vulnerable Transforms the Way We Live, Love, Parent and Lead*）。

— 第 19 篇 —

你没有意识到的那些小事
正在影响你的身体感受

01 | 你的父母对自己的身体有怎样的感觉，他们是如何评价自己（和别人）的——也许那时你还小，他们觉得你不会在听。所以我最喜欢的一句话就是："我们对孩子说话的方式会成为他们内心的声音。"

02 | PS（图像处理）技术真是太强了，你甚至意识不到图像被处理过（所以你对"正常"的理解可能是扭曲的）。

03 | 第一次与你约会或有亲密接触的人对你是什么态度，他们是否欣赏你美妙的身体（现在它也同样美妙）。无论出于什么原因，人们在身体上产生的障碍通常可以追溯到那些初始体验，尤其是那些负面的初始体验。

04 | 你如何评判他人。你会用什么方式反击别人，尤其是在身体上会采取什么方式，这能传达出关于你的很多信息。

05 | 你的朋友对待自己身体和行为的方式。在这件事上，更重要的不是他们对你说了什么或者说了关于自己的什么，而是你从他们的

行为中学到了什么。我们很容易被潜移默化地影响。

06 | 你使用什么媒介。你阅读的书籍和杂志、浏览的网站、看的电视节目，所有这些结合在一起，形成了你心中关于“正常”和“理想”的概念。你通常会从你最认同的人物身上获得这些概念。

07 | 你承袭的传统和你的亲戚。美食是文化中必不可少的一部分，与你承袭的传统息息相关，也是你社交活动的核心。年轻的时候，也许你曾经有过“情绪化进食”[①]，有些不怀好意的亲戚会评判你的身材，这种评判会在很长一段时间内深深影响你对自己的认知。

08 | 你是否曾在一段感情中感到你们的关系不仅仅是肌肤之亲。很难相信爱情脱离身体欲望也能存在。不过在你经历之后，你会意识到外表其实并不重要。

09 | 如果你认为健身就是为了达到一个目标——让你拥有一副更健美的身材，那你就很难坚持下去。实际上健身的目的是保持身体的良好运转（run）。（run在这里是双关语，既指“跑步”，也指身体这台机器的“运转”！）

10 | 你的友谊有多真诚。如果你只为了生活的便利才与他人保持联系，如果你在别人面前无法做自己，如果你身边的人在意的只是你为他们做了什么，你的注意力就常常会集中在如何让身材和外

---

① 一般指通过暴饮暴食或不间断地吃零食来缓解压力或打发时间。

——译者注

貌更被别人接受上。

11 | 有人在公众场合随意高声评论你的身材——哪怕是正面评价（它们往往都不是），也是在把你的身体当成商品。

12 | 你对健康和基因构造了解多少。事实上，我们的脂肪细胞从来没有消失，它们只是缩小了，而胖、瘦、重、轻的概念对每个人来说都是完全主观的。如果你只是通过比较来衡量自己的身体，你永远都不会满足。

13 | 把食物分为“好”的和“不好”的，依据就是这种食物会不会让你变美，让你感觉如何，或者对你有什么好处。这会把你带入一个误区——你不知道什么对你的身体最重要。

14 | 不愿花时间去室外。太阳能让你的身体更强壮——就像我们吃的食物一样，阳光能为你提供能量。如果不让你的身体获得光和热，你的快乐激素和其他一切你赖以生存的东西会被慢慢耗尽。

15 | 没有找到更重要的东西作为实现自我价值的基础。如果你觉得自己没有什么更重要的东西可以提供给这个世界，你就会不可避免地只专注于最容易被看到和被评判的东西。

16 | 单相思。你很容易就相信某人对你不感兴趣是因为你的身材。如果那个人只在你瘦了20斤以后才爱你，他肯定就不是你的理想伴侣。

17 | 持续关注名人的身材。你关注得越多，就会越焦虑。无论她们是在生完孩子后体重反弹，还是只是经历了人生的起起落落，她们都在时刻接受异于常人的审视，所以对她们而言，为自己生孩子以后胖了10斤而烦恼是很正常的事情。她们工作的一部分就是要承受这些舆论压力，无论这有多么可怕。但你没必要像她们一样苛求自己。坚持你自己的标准就好。

18 | 忘记我们的身体本来应该做什么——大笑、玩耍、跳跃、拥抱和爱抚。从进化的角度看，拥有轮廓清晰的髋骨并没有任何优势，也无助于你做那些应该做的事情。

— 第 20 篇 —

设定目标是为了享受你所拥有的，而不是去追逐你没有的

在你成长的道路上，会有很多重要转折点，它们标志着你的进步，但不会像你以为的那样让你产生满足感。你有没有困惑过，为什么每个新年时，我们的决心都是要改变人生，而不是改变自己？不如我们换一种思路。如果我们制定目标，要更加珍惜自己所拥有的，而不是去追逐自己没有的，那会怎样呢？你是否意识到，珍惜你所拥有的，才是你首先应该去做的，哪怕不去尝试，也值得思考？以下几个建议可以帮助你开始。

01 | 从你停止的地方继续。把书架上读了一半的书读完。吃掉冰箱里的食物。以你从未尝试过的方式搭配你的服饰。真诚地道歉。给老朋友打电话。重新启动旧项目。试试别的行车路线。

02 | 尝试欣赏别人本来的面貌，而不是执着于你希望他们成为的样子。你要做的不是判断谁值得你付出爱和善意。你的工作不是修正任何人。用适当的方式去爱他们是你唯一要做的。你不是任何人的上帝。

03 | 多花点时间和朋友在一起，而不是去讨好那些不是你朋友的人。别再数你生命中有多少人了，就仿佛朋友必须达到一定数量之后你才会感到被爱一样。生命中哪怕只有一个亲密的朋友，也是珍贵和美好的，是特别值得感激的，并非每个人都这样幸运。

04 | 每天写下一件你的身体允许你去做的事情。无论是看你最喜欢的节目，还是在上班的路上听听大街上的声音，或者是看电脑屏幕，拥抱你爱的人……请关注你的身体做了什么，而不是它的外观。

05 | 学着去爱上那些不需要花很多钱的东西。学会喜欢简单的食物，自己下厨，出门闲逛，和朋友聊天，散步，看日出，睡个好觉，好好工作一天。

06 | 开始写日志，用一两句话来总结一年中的每一天。写日记只能持续一周左右的原因是，大家都没有时间（或精力）去思考或详细描述自己的日常生活。但如果我们不写点什么，就错过了一个绝佳的机会——每天都看看我们已经走了多远，我们的生活最终是由什么组成的——所以，不如把日记变成简单的日志，这样会更容易一些。睡觉前写下一两句话，总结一天的生活。一年后，你会感激你做的这件事。

07 | 从你正在做的工作中寻找意义和快乐，而不是从你希望做的工作中寻找。你的目标不是在工作中找到满足感，而是给你所做的事设定目标，以此来找到满足感。

08 | 创造你自己的节日传统。让一年中那些最特别的日子反映出你是谁，你喜欢什么，你想如何庆祝你的生活。

09 | 控制你的支出，在一段时间内，只使用你已经拥有的东西。首先学会一种生活艺术：为了更重要的事情而拒绝即刻满足。告诉自己你已经拥有你需要的一切，或者至少比你认为的要多（即使感觉上不是这样）。

10 | 收纳好你的每一样物品。这是让你在自己的空间中感受到平静的关键。检查你的物品，只保留那些对你来说有意义的美好的东西，然后给每件东西安排一个“家”，或是一个可以让它们每晚返回的空间。这样做可以让你在自己的空间中轻松平静地保持心流状态。

11 | 学着量入为出——不管赚了多少钱，你都应该始终如一地保持储蓄的习惯。如果你习惯于将全部收入都看作“零花钱”（与投资和存款相反），那么无论你挣了多少钱，你都会把它们花光。只有学会在自己的能力范围内舒适地生活，你才能在赚得更多的时候真正实现你的目标。

12 | 打电话给你的妈妈。不是每个人都有这样的幸运。

13 | 成为一个赋予事物意义的人，而不是去寻找事物的意义。与其追求“成功”，不如追求善良。财富并不是美好生活的标志，智慧、善良和心胸开阔才是。

14 | 早上立刻开始做最重要的事情。在你最有精力的时候，把你的精力用在最重要的事情上。这样做还能帮助你确定什么事情对你是真正重要的。

15 | 丢掉不再适合你的东西。通过学习在小事上放手，来教会自己在大事上放手。当你能够抛弃那些会引起消极联想的东西时，就能更容易地摆脱消极的想法和情绪。

16 | 调整自己的节奏——如果在做任何事情的时候你感觉不到自己的呼吸，那说明你走得太快了。无论你在做什么，都要首先保持身体放松。时刻留意你的呼吸。用心去做你所做的每一件事。重要的不是我们完成的数量，而是完成的质量。

— 第21篇 —

不让非理性的想法毁掉你的生活的102种方法

01 | 学会区分实际发生的事和你正在想的事。

02 | 分辨诚实和事实的区别。你的诚实的感受可能与你感受到的事实是不同的——前者通常是暂时的，后者则是深刻的，并且是持续存在的。

03 | 当森林暗下来的时候，不要再去走小路。当你被情绪吞噬的时候，你会有极大的冲动想尝试改变生活，但那也是最糟糕的时机。不要在你难过的时候做决定。首先让自己回到中立状态。

04 | 火可以烧毁你的房子，也可以帮你做好晚餐，让你在冬天保持温暖。你的思想也是这样。

05 | 认识到焦虑源于羞耻。焦虑就是认为你的状态或你正在做的事情是“不对”的，因此产生一股旨在帮助你“修复”或改变的能量。你深受折磨，因为你没有任何办法能够让这种急迫、惶恐的情绪消失。这会让你对“你是谁”“你是怎样的人”产生错误的认知。

06 | 把你的故事写下来，以此来纠正你狭隘的视野。以“我的名字是……”开头，然后列出你住在哪里，做什么工作，已经完成了什么，和谁在一起，正在为什么而努力，你为什么而感到骄傲。

07 | 意识到想法只是幻觉，而且是强大的幻觉。列出所有你曾经想过、担心过，结果却并没有发生的事情。想想你浪费了多少时间为那些永远不会出现的结果和那些只存在于你想象中的问题做准备。

08 | 练习消极想象（negative visualization）[①]。为你那些无形的恐惧制订切实可行的解决方案。告诉自己，即使失去了工作或男朋友，你也不会活不下去。列出你最担心的事情，想象最坏的结果，然后制订一个计划，确定好如果这些事真的发生了，你要如何处理。

09 | 别总做脑力劳动。多动手。做饭，打扫，外出。

10 | 改变过去的单向度思维。喜欢自寻烦恼的人通常都有着异常固执的是非观。他们看不到事物的复杂性、机会，看不到水面下的冰山——那是他们不知道也不了解的现实。

---

① 这是一种起源于斯多葛派的做法。消极想象就是想象最坏的情况，让自己在心理上做好准备，渐渐适应，获得稳定感。这种稳定感将消除或至少大幅度减轻我们对许多令人恐惧的事情的情绪反应。

——编者注

11 | 学会面对压力，而不是抗拒压力。

12 | 改变你的目标。我们的目标不是一直保持良好感觉，而是能够以健康的方式表达情绪，不必压抑痛苦。

13 | 当一个想法让你心烦意乱时，问自己两个问题："这是真的吗？我能确定这是真的吗？"在大多数时候，你至少会有一个答案是"不"。

14 | 做得更多。如果你还有时间经常被盘旋在脑海中的各种非理性想法消耗，你就需要更集中精神、更加努力、更加投入。要确保你的生活比你想象的更充实。

15 | 接受这样一个事实：在任何地方的任何人，都会有一些奇怪的、不正确的、令人不安的脱离现实的想法。你不是怪胎。你（可能）没有生病。你只需要学会不被自己的想法吓到。

16 | 当你的生活中有些事情真的需要改变时，你通常不会惊慌失措。沮丧、愤怒、抗拒、悲伤……当某些问题出现的时候，随之而来的会是这些情绪。不要再用你的恐慌程度来衡量事情有多糟糕，而要先稳定你的情绪。只有这样，你才能知道什么是对的，什么是错的，你一直在做什么，你平时的感受都是怎样的。

17 | 当你陷入困境时，可以大声说："我很恐慌。我有一些非理性的想法。"这样做是让自己回归现实的第一步。

18 | 确定你的舒适区，偶尔回到那里。离开你习惯的区域需要一个渐进的过程——走得太快会导致崩溃。

19 | 证明自己是错的。告诉自己，你的想法没有事实依据。去看看医生，确定你不会死于某种不治之症。如果你不知道，就问问别人对你的感觉如何。有了答案以后，就不要再生活在灰色地带。

20 | 不要总是相信自己。给自己犯错的空间。允许自己承认，有些事情不知道就是不知道。如果你的感觉是由非理性的想法决定的，它们很可能是不正确的。

21 | 相信能让你感到和谐的东西。即使一开始你会害怕一段亲密的关系，害怕在你梦想的领域工作，但如果这些是你真正想要的，它们也会给你一种“对”的感觉。请相信这种“对”的感觉。

22 | 回想让你最不舒服的一件事，你就知道是时候拓展自己了。你需要学会以不同的方式思考，从不同的角度看问题，用不同的方式做事。你需要开拓自己的眼界。如果你不这样做，你将永远被困在自己的茧房中。

23 | 爱上未知。因为它几乎总是会带来比你想象中更好的东西——那些比你想象中更糟糕的东西，其实都是你自己思考和感知的产物，是你赋予了它们对你或你的未来的意义。

24 | 练习全然接纳。试着讲述那些你更想掩藏起来的故事。你可以说：“我不喜欢我的身体。我有点不知所措。我对这段恋情并不

满意。我欠债了。”你不必将这些当作自我谴责。

25｜认识到你有三层：你的身份、你的羞耻感和你真实的自我。你的身份是你的最外层，是你认为别人对你的看法。你的羞耻感让你无法表达真实的自我。而真实的自我才是你的核心。各种非理性的想法正是在你的羞耻圈层中滋生和蔓延的。别人对你的看法和你对自己的认识之间存在着差距，努力缩小这个差距，你的心理健康会发生显著变化。

26｜练习深呼吸。如果你已经尝试过这种方法，却没有收到效果，你可能不想再继续了，但它的确是针对恐慌最有效的非处方药之一。

27｜开阔你的眼界。如果你感到不舒服，你就会被迫去思考那些在你认知领域以外的事情。你会感觉有必要以一种新的方式看待自己，开放自己，去尝试那些你通常不会去考虑的可能，或者做不一样的自己。

28｜练习理性思考，并坚持下去。你不会以为你的大脑会自动地积极思考吧?！你必须训练它。

29｜训练的一部分包括，当你突然遇到不合理的事情时，你要知道该怎么应对——客观地评估它，确定它是否对你有用，如果没有用，就一笑置之。

30 | 非理性的想法有时来自你还没有完全接纳或处理的强烈的恐惧。等到你心态稳定时，尽量诚实地面对自己。

31 | 发现你能把握的和不能把握的事情的细微差别。例如，你可以把握自己在工作中投入多少精力，却不能把握别人对你工作的看法；你可以把握自己每天穿什么，却无法把握别人对你形象的评价。

32 | 不要再假装你知道别人在想什么。

33 | 不要再假装你似乎隐约知道未来会发生什么。

34 | 要明白你的自我感觉完全是一种精神上的东西，是心智健全的基础。如果你相信自己是能承受痛苦和失去的人，你就会成为能承受痛苦和失去的人；如果你相信自己值得被爱，那么当爱来临的时候，你就会感受到爱。

35 | 努力用有深度的非物质的东西来重新定义自我。不要把自己定义为一个有魅力和成功的人，要学会想象自己拥有另外一些特质，比如有韧性，渴望新的体验，并且能够关爱他人。

36 | 学会从更加年长的自己的角度看待每一天。

37 | 想一想两年前你是谁，甚至五年前你是谁。试着回忆那段岁月中的任意一天。注意你的关注点如何迅速转向你必须感激的事情。学着对今天也这样做。

38 | 有时候，克服困难的最好办法就是努力忘掉它。并非每一件事都需要分析。

39 | 忘记的最好方法是用新的、更好的东西填满你的生活。比如，你可能从不曾想到的东西，你不知道原来你不知道的事情，你从没想过自己会喜欢的东西。

40 | 接受那些非理性的想法，比如焦虑、悲伤或其他任何想法，它们将永远是你生活的一部分。它们不会离开你。有这些想法也不意味着你的生活在倒退或偏离正轨，更不是出现了什么严重的错误。

41 | 要认识到恐惧和创造力之间的关联。这是人类发展的基础——我们越是害怕某件事，我们就越会想出创造性的解决方案来适应它。把你的恐惧看作改善生活的催化剂，而不是你注定要承受的痛苦。

42 | 记住，你可以选择想法，即使你觉得自己不能，那也只是因为你选择相信你的想法。

43 | “选择不被伤害，你就不会感觉到伤害。不去感觉伤害，你就不曾受到伤害。”——马可·奥勒留

44 | 出去看看星星，喝杯葡萄酒。

45 | 试试写子弹日记[①]。当你回头再读一遍你的日记时，你会发现你的思维模式是什么，尤其是那些自我破坏的模式。

46 | 冥想，想象前往未来，与最年长、最自信、最理想的自己对话。你所做的是深入挖掘你的潜意识。让你希望成为的人来指导你的选择。

47 | 大笑。

48 | 当你向别人寻求建议时，首先问问自己，你希望对方说什么。这就是你想告诉自己的。

49 | 找别人聊聊，请对方告诉你，他会毫无理由地担心什么傻事。其实有很多人和你一样。

50 | 努力发展你的心智力量。像训练你的身体一样训练你的大脑。培养你的专注力，还有思考和想象的能力。这是你能为自己的人生做的最好的事情。

---

① 子弹日记（Bullet Journal）是一种简洁高效的手账记录方法，集日程表、任务清单、规划簿、日记本的功能于一身，用特殊符号区分重点及不同类别的内容。子弹日记能帮助你反思你真正想用你有限的时间和精力做什么，做的时候记下你的观察和思考，从而摆脱那些毫无意义的任务，并加倍关注那些不仅能让你更有效率而且能给你带来快乐的事情。

——编者注

51 | 感谢你对自己的关心，感谢你能在某些事刚一发生时就感到恐慌。

52 | 提醒自己，你害怕的是你所爱的东西的阴暗面。越怕就越爱。学会去发现什么是正确的，就像你一直在担心什么是错误的。

53 | 允许自己感觉良好。这就是为什么别人爱我们的时候我们也会有爱的感觉。没有人能真正改变爱的感觉——我们渴望从别人那里得到爱，因为爱能点亮我们的心灵，让我们感到幸福、自豪、兴奋和满足。“爱自己”的诀窍，就是学会自己来做这件事。

54 | 保持你的空间干净整洁。

55 | 如果有必要的话，对着镜子念祷文、诗歌或励志演讲稿。或者其他任何能让你专注于积极和希望的文字。

56 | 把精力花在你感兴趣的事情上——除了你自己的问题。

57 | 如果你做不到这一点，说明你还不够了解自己。没关系。关键是你现在意识到了这一点，并且开始学习了解自己了。

58 | 实践幸福。外部事物不会创造意义、成就感和满足感；我们如何看待它们才是关键。如果你的心灵是贫瘠的，那么无论你拥有或得到什么，你都不会幸福。

59 | 做些意想不到的事情。预定一次旅行，和你觉得不适合你的人约

会，在你认为自己不喜欢的领域找一份新工作。让自己看看，你其实对于自己和自己的人生并不完全了解，有时甚至不知道自己不了解的地方有哪些。

60 | 练习全然接纳。选择爱你的家、你的身体和你的工作，即使你不是一直喜欢它们。选择在充满感激和憧憬的地方重建生活，而不是逃避你的恐惧。

61 | 留意你周围的人。注意，现在经常陪伴在你身边的人对你未来的人生会有很大影响。

62 | 花点时间独处，尤其是当你觉得自己不想独处的时候。你是你自己的第一个也是最后一个朋友，与你相伴至死。如果你自己都不想和你在一起，又怎么能指望别人愿意和你在一起呢?

63 | 重新书写你的“成功”故事。有时候成功就是得到充足的睡眠。有时候成功就是做你认为正确的事，尽管你周围的人都不看好。有时候成功只是熬过一天或一个月。有时候成功是降低你的期望。

64 | 把你的恐惧详细地写出来。

65 | 听恐怖播客或看恐怖电影。让自己面对真正恐怖的事情。（这有可能让你的心态变得更好，也可能变得更糟。不过无所谓，可以试一试。）

66 | 有更大的梦想。如果你觉得同样的问题不断在你的脑海中萦绕，那可能是因为你还没有想象出一个比现在更美好的未来。当你有更重要的事情或更好的人需要去为之努力的时候，对那些虚幻的小问题的纠结很快就会消失。

67 | 不要把破碎的梦想和破碎的未来混为一谈。

68 | 不要把破碎的心和破碎的人生混为一谈。

69 | 制订一个你喜欢的计划，包括充足的睡眠和休息时间，以及现实层面的“你知道你应该做的事情”和“你真正想做的事情”。

70 | 认可自己。选择相信你拥有的生活已经足够好了。

71 | 花一个晚上（或几个晚上）来反思你的过去。想想所有被你压抑的痛苦和悲伤。让自己去感受那些情绪。当你让它们浮出水面时，它们就不会再控制你了。

72 | 决定做一件事，是因为你想要更快乐，而不是为了避免痛苦。

73 | 诚实地审视你的生活，看看你为了避免痛苦采取了多少手段，评估一下你最初的这些恐惧是否有必要。你是否会先贬低自己，这样别人的意见就不会伤害到你？你是否选择了一段你并不需要的关系，这样你就不必面对爱的脆弱？

74 | 制订计划，打造你想要的生活，不是因为你讨厌现在的自己，而是因为你喜欢那个你想要成为的人。

75 | 仔细看清楚生活中的那些真相，你把精力放在了谁的身上？当你拖延的时候你会做什么？在家中环绕你的都是什么？

76 | 结交朋友。结交朋友。结交朋友。

77 | 创建愿景板①。或者多浏览照片分享网站Pinterest。看到你想要的生活是创造理想生活的第一步。

78 | 记住，你不是为你失去的东西而难过——你难过的是你从一开始就没机会真正拥有这些东西。你后悔的是你没有做什么，而不是你做了什么。

79 | 花些时间去帮助他人。在流浪者之家做志愿者，捐赠物品，孩子放学后陪他们一起玩。你的人生不是只满足你自己的需求。

80 | 重新定义“幸福”——幸福不是你得到了你想要的东西，而是你每天为有意义的事情而努力。

---

① 把你希望在自己人生里出现的东西，用图片的形式展示在一个白板上，这就是愿景板（vision board）。把这个愿景板放在你可以天天看到的地方，它能够让你的思想“可视化”。当你把脑海中的想象转化成眼前实际可见的图片时，你就是在不断地强化这些愿望，让你的目标变得更清晰。

——编者注

81 | 专注于变得更好，但不要以此为最终的目标。你要变得更好，但不是完美无缺。

82 | 爱那个真实的你自己吧。你很快就会发现，评判你的人主要是你自己。

83 | 停止评判别人。尊重每个人，他们都有自己的故事，变成今天的样子都是有原因的。你越能接纳别人，就越能接纳自己，反之亦然。

84 | 运用你过度活跃的想象力去做一些有创意的事情。写一部疯狂的小说。写一个恐怖的短篇故事。唱几首自己填词作曲的歌，然后用手机录下来，只给自己听。

85 | 或者像每个聪明人一样，运用你过度活跃的想象力去想象最好的结果，而不是最坏的结果，然后想象你该如何努力达到那个结果。

86 | 别人无法给你任何东西，也无法从你这里拿走任何东西。一切都是你的创造，你的选择。

87 | 当你真正需要帮助的时候再去求助。如果你不学会这样做，你就会因为无数个无关紧要的问题去麻烦别人，而在关键时刻你却得不到任何支持。

88 | 不要认为悲伤或崩溃会让你变得不可爱或不体面。你的真实不会破坏你和他人的关系，只会让你们更亲密（只要你是真诚的）。

89 | 想到世界上还有忍饥挨饿的孩子，并不会减轻你的痛苦，所以不要尝试做这种比较。

90 | 你还会经历很多更糟糕的事情，如果你回想一下你的生活，也许还能记得那样的情形。

91 | 读你感兴趣的书，经常读。倾听你头脑中那些新的声音，它们会教你如何以不同的方式思考。

92 | 小睡一会儿。盖好毯子，睡20分钟。这就像点击大脑上的“刷新”按钮。

93 | 认识到恐惧是一种信号，表明某件事是有力量、有价值的。恐惧越深，爱就越深。

94 | “障碍就是道路。”

95 | 如果有些东西你不喜欢，可以让它们为你指明你在未来想要喜欢的东西。

96 | 挑战自己，尽可能多地思考你以前从未想过的可能性，充分探索自我，不断成长。

97 | 没有人会用你看待自己的方式来看待你。他们都只考虑自己的事。

98 | 要认识到，即使在你迷失的时候，你也是自由的。当你不得不重

新开始时，你可以选择更好的。也许你不喜欢现在的自己，但你还有机会爱上未来的自己。永远不要站在路牌前面观望，去探索一条新的路径吧。

99 | “这一切都会过去的。”

100 | 该死的，试试看呀！说真的，去试试吧！把你的一切精力投入到工作中去。哪怕那个人不值得，也善待他。当你把精力花在真正有价值的事情上时，你就没有那么多精力去忧虑了。

101 | 学会如何放松。努力学习如何快乐地无所事事。

102 | 相信随着时间的推移，情况会变得更好。不是因为时间能够治愈一切，而是因为你在成长。你会发现自己很有能力。你会意识到你的第四次分手并不像第一次那样让你痛苦。这并不是因为生活变容易了，而是因为你更有智慧了。

— 第22篇 —

创造力的内在禅意

创造力是人类与生俱来的能力，就像吃饭、说话、走路和思考一样，是最先进化出来的能力。我们的祖先花了不少时间在岩壁上雕刻他们的形象和故事，而我们却错误地将创造力看作某种形式的奢侈——如果你能有自己独特的表达方式，你就是个很幸运的人。

实际上，创造力是一种分享和交流的方式，最终它还是一种内省的方式，被我们不断展现出来。从远古到现在，我们用来展现它的媒介已经从石块变成像素，但我们仍然可以看到，人类有一种固有的渴望，想要铭记、印刻、雕塑、铸造、构筑、描绘、书写，以及用其他方式把抽象的东西塑造成大家可以想象的东西。

事实证明，最有效的创作过程就是遵循禅宗的艺术——冥想、正念、觉知、不抗拒、不评判。

我开始写作并不是因为我喜欢写作。我把写作当作摆脱痛苦的方法。没过多久我就意识到，我不想一辈子都在制造问题，让问题变得更严重，我只想为工作而思考和摸索出路。我希望能书写和创作，只是因为我还活着，还能呼吸。

我必须学会不去证明我的表达符合逻辑——它本来就是有逻辑的，因为我是一个有逻辑的人，就像你和其他人一样。

与此同时，我也尝试了所有伟大作家的经典写作模式——那些被认为行之有效的，可以确保稳定的写作质量和节奏的模式。

我努力做到有条不紊，做任何能让自己进入“心流”的事情，有意识地探索内心深处黑暗的、未被触及过的角落，即使在我不想做的时候也会坚持这样做，可是我发现自己的每一次努力都通向死胡同。

我做任何事都要有周密的安排，结果却让整个进程停滞不前。

其中主要的原因是，我们的创造力其实并非起伏不定，它是一个看不见的常量，从我们挑选的衣服，到我们说的每一句话，再到我们工作时布置桌面的方式，它无所不在。

想象写作（或绘画、唱歌，或者你做的任何事）就像呼吸一样自然：这是一个毫不费力的过程，先吸收外在的东西，经由你进行转化。当我们有意识地这样做时，这个过程会变得紧张、有压力，进而让我们灵感枯竭，反而增添了许多困难。

事实上，任何有创意的东西都很容易受到最终目标的阻碍。你必须完全专注于此刻，让灵感在你的脑海中自然涌现。

如果你的脑海中已经有了预设路径，就意味着你在试图与其他人的道路保持一致，意味着你找到的所谓灵感只是将别人的东西改造成自己的版本。

你很少关注核心真相（core truth），那是因为它所展现的是关于你的自我，而且是你最真实的自我——正是这一点让你无法接受。

所以我们会去追求外在的条理、结构，并因此阻碍了创造的进程。所以我们才需要灵感、认可和外部支持。

在真正的禅宗本质中，当你学会不做评判时，你就能培养出创造力。类似于客观地觉察自己的想法和感受，这也是通往平静之路。

你希望自己写下的一部分东西能够与别人分享，被制作成消费品；另一部分则只属于你自己。这些都没有问题。我们有必要认识到，即使是最伟大的艺术家，也不是一直多产的，尤其是在面向公众的领域中。如果你将这种“不活跃”看作一种匮乏、损失或失败，那就是给这一切添加了另一种主观臆断。

你无法量化你的创造力，虽然它是你的延伸和表达，但它不能定义你。

你可以自由地保持内在自我的神圣。你越能表达出这份神圣，就越能不加评判地活在当下，越能自由地坦诚以对，保持开放。你的核心自我感觉越舒适，你就越能在这种平和的环境中发挥创造力。

第23篇

一切事的发生都是为了帮助你

我们能做的最有力量、最解放自我的事情，就是相信一切事的发生都是为了帮助我们。

如果你想知道，为什么你会这样看待自己的人生，那就问问自己，你认为这样做的意义是什么。这不是一个高深的哲学问题。这是你的思考方式和行为方式的薄弱之处。

很多事情会发生在你身上，你要么把自己看作受害者，要么把自己看作有机会改变、成长，从不同角度看问题的人。要么把不舒服的感觉看作必须处理的痛苦，要么把它看作你必须从中学习经验的信号。要么觉得这个世界给你带来各种感受，要么把你对世界的理解看成你自己感受的投射。

当我们认为我们的痛苦是有意义的，痛苦带来的不适就消失了。它从一个烦恼变成了一个机会。我们的痛苦也就随之停止。

这种观念（情绪由内在决定）和相反的观念（情绪由外在决定）之间的区别在于，我们到底是相信自己的体验由自己创造，还是来自某种（强加于我们的）外部力量。我们一生中的大部分时间都被告知后者是对的——这是有原因的。

当权者相信，当人们受到外在激励时，社会就会繁荣发展。至少这是资本主义的运行方式，是某些人掌握权力的方式，也是我们保持卑微的方式。当人们认为自己是受害者时，他们就会丧失权力。

他们转而把精力集中在别人的想法、期待和结果上。

我们应该学会向内求，遵循自己的心意，按照自己的信仰生活，依靠自己的力量，为自己创造幸福。

纵观历史就可以发现：没有人能确保自己拥有幸福的生活。如果我们想要意义，我们就必须创造意义。如果我们想要平静，我们就需要直面痛苦，知道一切事的发生自有原因。

你要么在痛苦中度过余生，要么把挫折当作财富，积蓄力量，获得成长。

— 第24篇 —

挡在你幸福之路上的只有你自己

01 | 你人生中唯一的问题就是你看待人生的方式。客观地说，你拥有你想要或需要的一切，而你觉得不幸福只是因为缺乏对它们的欣赏和感恩（这是一种需要培养的品质）。

02 | 解决大多数问题的方法就是改变你思考问题的方式。例如，意识到人们对你的看法在很大程度上是他们看待自己的一种投射，这将有助于解决你的问题，让你知道，不需要通过别人对你的看法来评估你的人生。

03 | 你很懈怠。你知道你应该更多地关注当下，但你却不愿投入精力去实践。你知道你应该冥想，学习训练大脑集中注意力，这样它就不会被消极情绪吞噬，但你却去了健身房。越重要的事情你却越懈怠，这是你最大的问题。

04 | 一旦你完成了一件给自己带来幸福感的事情，你就不再把它当作“目标”，而是当成一项“已经实现的成就”。一旦获得成功，你就会把这份成功看作“又一件已完成的事”，而不是“生活中

一份新的喜悦”。

05 | 你还没有练习过保持幸福的情绪。我们都会给幸福设定一个“上限”。如果要超越它，我们就必须练习允许自己感觉更好，否则我们就会进行自我破坏，好让自己回到舒适区。

06 | 比起改变，你更在乎舒适。你宁愿保持一定程度的不适，也不愿接受那些正在给你的人生带来真正改变的不确定性。

07 | 你会主动和“不适合”你的人在一起。他们并不真的关心你，或者他们激励你的方式与你想要实现的目标背道而驰。换句话说，他们会激发出你最坏的一面，但你还是会继续和他们在一起。

08 | 你不愿更新自己的想法。你回忆自己三年、五年、十年前的样子时总是感觉很好，你觉得别人也更喜欢那时的你。

09 | 你不是根据实际情况做出选择，而是凭感觉认为这么做是正确的。你更执着于自己对事物的看法，而不是你了解到的事实。

10 | 你不会道歉。你不会对自己道歉，也不会对他人道歉。你不认为自己错了，当然也不承认自己没有尽最大努力，因为那样会对你的自我造成打击。然而，那样做正是改变这种状况的第一步。

11 | 你还没有完全负担起自己的生活——具体表现就是你还在等待有什么能来改变你的感受。人们总是喜欢找人诉苦，因为他们

相信这是在“向宇宙呐喊”，也就是说，只要他们足够清楚地表达出情况有多糟糕，最终一定会有某些转机出现或某些人出手相助，帮他们解决问题或改变现状。

12 | 你把幸福归因于你取得了多大成就，而不是当下的状态。你认为只有某些人能够幸福，因为他们有优越的环境。其实环境不会决定你是否幸福，你要做的是在当下寻找幸福。

13 | 你认为“幸福”是一直感觉“很好”，实际上幸福只是一个更高的感受“基线”。你能更好地处理每一种情绪，因为你健康的处理方式，你总是很快就能回到总体满意的状态。

14 | 你全盘接受你所受到的教导，即使你觉得某些地方不对。你更相信教条、讲义或宗教，只是因为你最初知道的就是这些，而不是因为它们能让你产生共鸣或真正帮助你。

15 | 你拥有美好的生活，并且你也知道自己拥有美好的生活。归根结底，美好来自你对生活的投入。

— 第25篇 —

走出舒适区，跨越停滞区：从新手到大师的过程

成功来自习惯，而不是技能。要想在某个领域出类拔萃，你必须坚持大量练习。许多人能写出精彩的句子，却很少有人能一直写出好文章。专家和我们不同的地方在于他们有强大的自控力、严格的日常习惯和持之以恒的热情。

有些技能是与生俱来的，自控力则是后天培养的。而大多数人的观念恰恰相反：他们认为天赋技能是可以完善的，而自控力也是很容易获得的。

其实我们的大脑自控力有限。也就是说，我们每天只能在很有限的一段时间内克制自己不被冲动和欲望控制。通过练习，我们可以延长这段时间，但无论如何，它是有限的。

明白这一点的人会明智地利用时间：他们不会去做不必要的决策，而会尽量减少干扰，把无关紧要的事情减少到最低限度，然后集中全部精力做重要的事。随着时间的推移，这就变成了习惯。在20世纪60年代，心理学家就指出，要习得新技能，我们必须经历三个

特定的阶段。[①]

认知阶段：对我们要学习的技能做出理性的研究，在这个过程中我们会出错，但最终会找到高效学习的新方法，从而有更好的表现。

联想阶段：注意力不如第一个阶段集中，但是已经很少出错，逐渐变得更有效率。

自主阶段：我们进入了“自动驾驶”状态，或者在某些情况下进入“心流”状态。我们对自己要学习的技能已经掌握得比较熟练，可以把自己从有意识的专注中释放出来，接下来的行动就靠“自动驾驶仪”来指挥。

不过，在后两个阶段之间的某个时候，我们会陷入瓶颈期：我们已经掌握了这项技能，但我们认为自己最终能够达到的水准和理论上应该具备的水准相去甚远。主持人艾拉·格拉斯（Ira Glass）在接受访谈时曾经说过，几乎所有取得非凡成就的人（尤其是做创意工作的人）都经历过个人雄心超出个人能力范围的时期——在这段时间里，他们的目标驱动他们不断提高自己，他们也有非常好的自我评价能力，可以看出自己的作品并没有自己期望的那么好，知道自己做得不够完美。很多人在这个阶段会选择放弃，对自己产生怀疑。如果你刚入行，或者正处于这个阶段，一定要知道这是很正常的现象。你能做的最重要的事情就是刻意练习。要强迫自己去完成工作，强迫自己掌握技能。这是最难的阶段。只有通过完成大量的练习，你才能真正取

---

① 埃尔韦·阿卜迪（Aervé Abdi）、米歇尔·法约尔（Michel Fayol）、帕特里克·勒迈尔（Patrick Lemaire）：《认知算法中的联想混淆效应：部分自主过程的证据》（*Associative Confusion Effect in Cognitive Arithmetic: Evidence For Partially Autonomous Processes*），发表于《欧洲认知心理学公报》（*European Bulletin of Cognitive Psychology*），第5期，第11卷，1991年。

得进步并缩小与预期效果的差距，这样你所做的工作才会和你期望的一样好。

坚持不懈，直到作品达到标准——完成这一壮举的人与那些中途放弃的人的不同之处并不完全是独一无二的天赋，而是不断强迫自己回到“认知阶段”，目标坚定，高度集中，刻意练习已经熟练掌握的技能（这通常都会让人感到不舒适）。

如果你既没有欲望也没有能力突破这段瓶颈期，你很想放弃，这说明还有其他更适合你的东西。

如果你有这份热情和力量，那就意味着你必须刻意挑战自己，有意识地强迫自己走出“自主阶段”，不断获得提高。

— 第26篇 —

如果你厌倦了去争取别人的爱，你要问自己这个问题

我们总是在谈论该如何得到爱。

实际上，我们从没有停止过谈论这件事——如何约会，如何让某人对自己感兴趣，如何找到男朋友，如何让自己受尊敬、被欣赏、被视为成功人士。我们还会谈论如何说服某人向我们求婚，和我们结婚，与我们白头偕老。所有这些都是在试图操纵别人，让他们给我们爱。

我们谈论了很多如何得到爱，却很少谈论如何给予爱。

我们谈论得到爱，似乎这是我们给予爱的前提，似乎如果还没接受就给予，会让我们变得卑微，似乎一个尊贵的人就不应该对不爱他的人表示友好和关爱，似乎爱就必须是奉献，并不包含坚强、诚挚和真实以及放手。

如果别人不爱你，你就无法说服他爱你。

这是最重要的一条规则。爱不是你“得到”的一样东西。它不是属于别人，而你必须去争取的东西。它不是存在于你之外的东西。如果有人不想表达对你的喜欢、爱和尊重，你有两个选择：你可以试着改变这个事实（这是作茧自缚），你也可以继续给予爱（这会让你得到自由）。

没有爱的痛苦，是心被封闭的痛苦。

失去爱的痛苦，是封闭了心的痛苦。

失去爱的痛苦来自试图改变或操纵别人，让他们改变对你的看法和想法。这实际上不是失去爱，而是你陷入错觉，开始自我否定。相当于你接受了这样的观点：你本来就不值得爱。

爱不是别人能从你身上拿走的东西（也不是别人能真正给你的）。它不是你“得到”的东西，而是你的体验——这种交流需要双方平等、诚实和自愿地做出奉献。爱不是别人有义务为你做的事，也不是别人欠你的。

如果你觉得别人必须给你爱，你将永远不会真正体验到爱。

如果你把爱当作一种需要，你会发现爱无处不在。无论是在地铁上遇到的陌生人，还是只约会过三次的朋友、相处了六年的恋人（人们一般认为这样才可称为“爱”），你都能在他们身上找到爱。这些不同的爱都同等重要。失去的痛苦最终也会转化为一种发现的美好——你会发现有些事比有人向你承诺“永远”更重要。

你的生活就此变成了一系列关于爱的小故事，所有这些故事都教你如何更好地去爱，如何给予更多，如何做更真实的自己，知道自己喜欢什么、不喜欢什么，还有如何优雅地离开，发自内心地尊重自己，听从自己的直觉。

当你为得到的爱太少而自怜时，请你停下来想一想：你付出了多少爱？

— 第27篇 —

站在你双脚所在的地方：这句话能够提醒你，人生就是此刻

存在就是我们所拥有的一切，但我们常常会把它的重要性排在最后。我们知道活在当下很重要，但说出来简单，做起来就没那么容易了。在这个不断要求我们投入注意力的世界，我们要时刻记得把关注点放在最重要的事情上：看看此刻正在发生的事。你所梦想的、渴求的、为之努力的、希望的和等待的一切，都源于这一刻。你现在做的不仅仅是某件事——它意味着一切。这里有十五句话，当你需要重新思考并记住的时候，可以反复念给自己听：人生由一系列时刻组成，其他任何想法都只是让你远离实际生活的幻想。

01 | 存在就是被感知。

02 | 如果不努力，天赋就只是未实现的潜能。

03 | 能否变得不平凡，取决于我如何看待平凡。

04 | 循序渐进。

05 | 我只拥有现在。

06 | 如果我拥有了想要的生活，今天会是什么样子？

07 | 如果我得到了我想要的爱，今天会是什么样子？

08 | 从我所在的地方开始，利用我所拥有的，做我所能做的。

09 | 今天必须发生的最重要的事情是什么？

10 | 我的人生由我的每一天组成——我要利用现在这一天做什么？

11 | 如果能充分实现自我，那么我会在今天做些什么？

12 | 此时此刻，我真的做到最好了吗？

13 | 如果我不觉得累，我今天会做什么？

14 | 站在自己双脚所在的地方。

15 | 我就是我。

— 第28篇 —

这16个问题会告诉你，“你是谁”以及“你注定要做的事”

理解你是谁，不是根据你的发现，而是根据你的记忆。你是否意识到，一系列看似孤立的、没有特殊意义的事件和随机的互动关系之间，存在着某种固定模式。

任何事的发生都是让你意识到已经存在的事实真相。

心理辅导系统（宗教的或非宗教的）——更确切地说，是那种有效的辅导系统——的核心要点不是改变你的思维模式，而是给你自省的工具，让你自己找到答案。提出问题，举出实例，让你反思，并通过你的认知连接到你内在的引导系统、你的直觉和你本质的自我。

我可以非常真诚地说，以下这些问题的答案（真正地）改变了我的人生，我想在这里分享给你们。下面就是你要问自己的十六个最重要的问题。

01｜什么事、什么人值得你付出?

02｜如果你知道没有人会评判你，你会发表什么观点?

03 | 如果你知道没有人会评判你，你想做些什么事情？

04 | 根据你的日常习惯，五年后你会在哪里？十年后呢？二十年后呢？

05 | 你最崇拜谁？为什么？

06 | 你不想让别人知道你的什么事？

07 | 有哪些事你当时感觉根本熬不过去？你是怎么熬过来的？那些事到底有多难？

08 | 到目前为止，你最大的成就是什么？

09 | 如果有人告诉你，你的生活中接下来会发生一些事，你觉得会是什么好得难以置信的事？

10 | 你还在努力让谁接受你的过去？

11 | 如果不再需要工作，你每天会做些什么？

12 | 除了吃和睡这些基本的事情，你每天必做的五件事是什么？

13 | 你希望这五件必做的事是什么？

14 | 如果你真的相信自己不能控制某件事，你就会把它当作事实来接受。你难以接受你“无法控制”的那件事是什么？是什么让你产生其他的想法或希望？

15 | 在家里走一圈，把手放在你所拥有的每一样东西上，有多少东西会让你真心感到幸福或平静？为什么你还要保留其余那些东西？

16 | 你最讨厌别人哪一点？你最喜欢别人哪一点？你最讨厌自己哪一点？你最喜欢自己哪一点？（继续挖掘，直到你发现其中的关联。）

— 第29篇 —

如何知道你的进步超出了你的想象

你如此专注于自己迈出的每一步，以至于很难看到自己已经走了多远。你可能有过这样的经历：其他人评价你已经改变了多少，你却几乎没有意识到，因为你每天都和自己在一起。这很正常，因为我们往往更专注于还没有做的事情，而忽略了已经完成的事情——这就是为什么我们常常很难给自己真正应得的认可。有一些迹象能够表明，你的进步超出了你的想象。

01 | 在你的生活中有一些你曾经认为不可能的事情，或者至少有一个梦想实现了。比如戒酒，获得学位，找到伴侣，找到理想的工作……

02 | 你忘记了自己经历过多少事情——只是因为你不再想起它们。你的过去恍如隔世。

03 | 你的恋爱标准开始着重于个性，而不是外表。你对“爱”的理解已经超越了单纯的性吸引。

04 | 你喜欢和朋友们天南海北地聊天。这些交谈比八卦消息更让你感兴趣——因为你知道，你们聊的话题与其他人没有什么关系，却与你息息相关。

05 | 最坏的事情发生了，然后又过去了。你失去了那个你认为离开他就活不下去的人，然后如常生活。你丢了工作，然后又找到另一份工作。你开始意识到“安全感”不在于确定性，而只在于你可以继续好好活下去的信念。

06 | 你已经建立了自己的信仰体系，即使你没有彻底质疑曾经被灌输给你的信仰体系。你不再关注那些不能引起你的共鸣或对你没有意义的东西。

07 | 你对应该和谁在一起更有判断力了。比起合群，你更重视你最亲密的朋友。

08 | 你不会因为要和谁在一起而改变自己——包括你的个性、你的观点，甚至你的穿着。

09 | 你不再把自己的问题归咎于他人。你不再认为只要自己大声抱怨，这个世界就会来解决你的苦难。

10 | 你和很多老朋友都没有什么交集了，但你们仍然保持联系，你很感谢他们在你生活中扮演的角色。

11 | 你不再为融入社会而烦恼，不再一心想要变得“正常”，也不在乎自己是否与众不同。正如你现在看到的那样，那些“酷小孩”[①] 通常在高中毕业以后就平平无奇了。

12 | 你可以谈论那些你以为绝对无法克服的问题，你还可以谈论你是如何克服的。

13 | 你经常停下脚步，享受生活，而不是急着从一个目标奔向另一个目标。

14 | 你不相信“事情只能如此”。你总是抱着一种开放的心态，去探索更好、更开明的生活方式，而且你总是愿意去尝试一下。

15 | 如果你告诉年轻时的自己，现在的你是怎样生活的，他（她）是不会相信的。

---

① 酷小孩（cool kids）是美国校园中最受欢迎、最有影响力的一群孩子，他们外貌出众，擅长运动，组织能力强，是社交圈的核心。

——编者注

— 第 30 篇 —

一些迹象表明，你人生中唯一的问题就是你如何看待人生

01 | 你通常会用更多的时间思考你的人生，而不是实际去过你的生活。

你花更多的时间剖析问题而不是着手解决问题；花更多时间做白日梦，而不是问问自己——这些白日梦是否表明你的现实生活缺乏或错失了什么；或者总是提出新的解决方案，而不是真正去实施那些已有的方案。你用“经验”代替了“反思”，并且不明白为什么自己会感到不满足。

02 | 你不再像以前那样可以在简单的快乐中发现奇迹。

你认为大自然是无趣的，“玩耍”是孩子们的事，窗外的一束光、陌生人的微笑、春天里的一天或躺在床上看你最喜欢的书，都是那么不足为奇。你看不见这些小事的美好，并不是因为它们不美好，而是因为你选择无视它们，转而去欣赏别的东西。

03｜你得到了过去一直想要的东西，但你不像想象中那样开心，或者你早就不再渴望它，开始渴望其他东西。

让自己回到那种想要某种东西胜过其他一切的感觉，就像过去那样。体会一下那种感觉。你会比你想象中更意气风发。

04｜如果你告诉年轻时的自己，现在你的生活是什么样子，他（她）一定会觉得不可思议。

你真的无法想象你的生活会变得如此美好——最糟糕的事情变成了转折点，而不是深不见底的情绪黑洞。

05｜你认为金钱是“义务”，而不是“机会”。

你的心态是“我不得不支付我的账单”，而不是“我能支付我的账单，包括我的房子、我的衣服、我的食物的费用，我可以自己支付这笔钱”。如果你不珍惜金钱，不感激它为你所做的一切，你永远不会觉得自己拥有的是足够的。

06｜你认为你的朋友不够多。

你用数量而不是质量来衡量生活中的人际关系，你以为你的问题是身边没有人，其实是你的心里没有人。

07｜对于你现在的朋友，你或者过度依赖，或者缺乏联系。

你要么很少和朋友联系，要么很容易不满足——因为你认为朋友有义务让你感觉“更好”“更幸福”。你认为实现这个目标的唯一方法就是过度依赖他们，或者当他们没有履行你强加给他们的责任时，你就和他们断绝来往。（因此你总会觉得你拥有的不够多！）

08｜你想象自己的生活时，总是会同时想象别人对你生活的看法。

当你的幸福来自别人对你的感觉，而不是你对自己的感觉时，就会发生这种情况。

09｜你的目标是结果，而不是行动。

你的目标是“取得成功”或“在银行里有一定数量的存款”，而不是“享受你每天做的事情，无论你在做什么”或“学会存钱，不盲目地花钱”。结果只是一种想法，行动才能带来真正的结果。

10｜你以为你还有时间。

一到要做那些对你来说真正重要的事情时——联系家人、写书、找一份新工作——你就会说：“我才……岁，时间还多着呢。”你以为你“还有时间”，不用着急去做某件事，也许是因为你并不像自己想象的那样想要去做那件事。时间其实并不多。很多事你都无法预料。比如你可能明天就会死。当然，这不代表你必须今天就把一切都做好，但你没有理由不从此刻开始。

11 | 糟糕的心情会变成糟糕的一天。

你认为有负面情绪说明你的生活出问题了，但实际上，这是人类固有的一部分。焦虑、痛苦和抑郁都可以为我们所用。这些情绪是信号，是沟通、反馈和预防措施，是让我们得以生存的要素。如果你不能以这种方式思考，你就会想着“感觉好就继续”“感觉不好就停下来”，所以你有的时候什么都不想做。

12 | 如果一件事让你感到不舒服和恐惧，你认为就不应该做这件事。

感到不舒服和恐惧，意味着你绝对应该做这件事。感到愤怒或淡漠则意味着你绝对不应该做这件事。

13 | 在行动之前，你要等待动力或灵感。

失败者总是等着被激励。一事无成的人总是在等待灵感的到来。动力和灵感不是持久的力量。它们偶尔会出现，而且出现的时候的确会很有帮助，但你不能指望一天中的任何时候都能召唤到它们。你必须学会在没有激情的情况下工作，学会从目标而不是激情中汲取力量。

14 | 你出现适应不良的白日梦（Maladaptive Daydreaming）的症状。

适应不良的白日梦也可以称作“白日梦成瘾”，是一种应对机制，你会在梦中表达现实生活中无法表达的情感。有些人会花很多时间在白日梦上，以至于干扰到正常的人际交往与日常生活。大多数人会在听音乐和活动身体（走路、坐车、踱步、荡秋千等）时做白日梦。在被生活中各种问题困扰的时候，不如做个白日梦，让自己沉醉在幻想中，摆脱不舒服的感觉。

15 | 你总是把幸福留到明天。

你坐在上班的地铁上，想着美丽的日出，想着你多么想读你最喜欢的那本书，然后你会赶紧把自己拉回来，拿出手机查看工作邮件。你怕自己沉迷于这些简单而美丽的事物。你的“不满足”会一直推动你继续奋斗。

— 第31篇 —

你会聪明地争论吗？从防御到反驳，7种主要的争论方式

从最基本的层面上说，争论是一种本能反应，而不是一种选择。当我们在某种程度上感受到威胁时，我们的本能反应要么是逃跑、僵住，要么是战斗。最终，大多数人会开始意识到，对随机的外部刺激做出下意识的反应，轻则会消耗我们的精力，重则会对我们造成伤害。于是我们开始反思我们对事物的反应，这就是自我意识的萌芽。

然而，这并不意味着争论没有意义。争论通常是因为我们觉得自己的身份认知受到了威胁，但另一方面，它也是我们表达对于重要事物的强烈感受的方式。如果处理得当，懂得如何争论的人可以成为社交场合中的主人，无论是职场还是情场。做到这一点的第一步是不要让别人觉得你在争论。

人们在试图与他人争论的时候采取了很多愚蠢的方式，这些行为大多数都不会起什么作用，只会让双方都更加气愤，因为这些行为说到底都是在避免解决真正的问题。

攻击谩骂

你在没有任何依据的情况下，通过对他人的攻击谩骂来转移话题。

诉诸身份

你攻击某人的性格，质疑他的权威，却没有触及争论的实质。（比如，一个吸烟的人说“吸烟不好”，你回答：“你凭什么这么说?!”你没有把“吸烟不好”视为客观事实。）

诉诸语气

你批评论点提出者的语气或措辞，把这作为一种将争论焦点从论点本身转移走的方法。

声明异见

你的相反陈述几乎没有支持性的证据。你只是为了争论而争论，只是出于某种原因，从心底不想认可或赞同对方。

证明异见

你先反驳对方的说法，然后再用推理和支持性证据来支持自己的观点。

驳斥对方

你发现论点中的错误，并直接引用原话或根据当事人原始陈述的推论来解释为什么这是一个错误。

反驳对方的中心论点

你明确地反驳中心论点，提供合理的逻辑和理由（或者是相关研究，或者是个人经验）来支持你的观点。

— 第32篇 —

精神崩溃，实际上是一种情绪突破

01｜你开始质疑一切。

你不再只看事情的表面，开始怀疑你从小被教导要相信的事情是否正确。你开始探索哲学、政治的新观念、新思潮，你会发现一些以前不知道的东西。

02｜你开始意识到幸福思维和幸福感受是有区别的。

你一直试图培养幸福思维，却发现自己太执着于结果（未能实现的结果），你甚至比一开始感觉更不幸福。你意识到，“让你享受当下的思维方式”和“让你为了潜在的、有可能发生的事感到幸福的思维方式”是有区别的。

03｜你开始发现规律。

你开始意识到，你的关系、工作、想法、感受都是你内心信念的产物，代表着你认为它们是什么样子或应该是什么样子。它们是有规律的。如果你能搞清楚该如何改变这些规律，它们或许也会发生变化。

04｜你感到无端的愤怒。

愤怒是一种很好的情绪。简单来说，当你最终发现你不是在生这个世界的气，而是在生自己的气时，就意味着你即将做出改变。愤怒的兄弟姐妹们——不满、怨恨、恼怒、自怜等——虽然也是不愉快的，但还不足以让你采取行动，而愤怒使你行动。它会点燃你，把你带往新的方向。

05｜你开始质疑："这就是全部吗？"

你开始怀疑自己的人生中是否真的注定只有睡觉、吃饭、工作，然后死去。你开始怀疑这是不是就是人生的全部，抑或这只是通往更广阔世界的狭窄小路。

06｜你有了价值百万的创意，找到了合作伙伴，取得了重大突破，却突然之间感到有些惶恐。

当我们感受到幸福时，我们同样会感受到恐惧。这并不是说你在抗拒你的新生活，而是表明你非常清楚地知道你想要什么。

07｜你的情绪状态显得有点莫名其妙。

你不应该感到焦虑和沮丧，但你确实感觉到了。你没有理由害怕，但恐惧确实存在。你不能完全理解自己的感受，因为你正在锻炼自己接纳感受的能力。

08｜你不确定自己到底是谁。

你对自己的定义要么是基于别人对你的看法，要么是基于你对自己的看法，但“你认为你想要的”和“你实际想要的”之间是有差距的。

09｜你正在体验小时候的感受和恐惧。

这一切都浮出了水面，你终于意识到，这些感受和恐惧从来就没有真正消失过。你隐藏起来的思想、想法、信仰和感受都在暗中指引着你的人生，只是你自己不知道。

10｜你现在很害怕失去。

也就是说，你害怕失去一件你认为在某种程度上可以“拯救”你的东西（即使只是情感上的）。实际上，当你开始意识到能够“拯救”你的东西并不存在时，你才会有这样的恐惧。你不害怕失去，你只是害怕在你觉得自己准备好之前就被迫接受这个事实。

11｜你放弃了你该放弃的东西。

你没有放弃你的梦想。你没有放弃你的关系。你只是放弃了这样一种想法，不再过度估量它的价值。你放弃了不适合你的东西。你开始理解“放弃”尽管有时候是一个负面的词，但在必要的时候，它真的是一种积极正面的行为。

12｜你已经决定不再执着于过去那些想法。

人们不会崩溃，除非他们正处在“突破”的边缘。崩溃——或者任何一种强烈的心理—情绪波动——是事情即将发生变化的预兆。否则，你的生活中就只有“正常”的事情。现在你受够了过去的“正常”，你正在期望更宏大、更美好、更光明、更幸福的事情。

— 第33篇 —

怎样才能做到不再为生活忧虑，而是开始专注于生活带给你的感受

回忆一下：你有多少次在得到想要的东西后感受到了真正的幸福？你得到渴望已久的恋情后发生了什么？你得到那份工作后发生了什么？你赚了更多的钱后发生了什么？发生的事情有可能好坏参半吧。

列出你认识的每一个不完美的人。他们虽然不完美，但拥有爱情，拥有浪漫的伴侣、亲密的朋友和你梦寐以求的工作。列出那些以传统标准来看相貌平平、家境一般的人，看看在这样的条件下，他们生活得怎么样。这可以向你证明，你不需要完美就能过得足够好。

问问自己：如果你不把自己做的事发到社交媒体上，也不会有其他人知道你做了什么，那么你会做些什么？这周六你会做什么？今晚你会做什么？你的职业目标是什么？你会给自己拍多少张照片？你会和谁交往？你会住在哪里？如果你不是通过别人的视角审视自己，你会怎么做？

问问自己：如果钱不是问题，你什么都可以做，那你会做什么？

这是一个经典练习，不过很多人对它不屑一顾，因为觉得太不切实际了。很遗憾，这些人思考得不够深入，无法理解这个练习真正的要点。它不是为了探讨如果你不用担心钱（这几乎是不可能的）会怎

样，而是要探讨你真正想要做的是什么，以及如何在生活中实现。你会去度假吗？还是会继续现在的工作？这个练习只是告诉你，你看重的是轻松生活还是得到成就，或者其他什么。了解你看重的是什么对于了解你是谁至关重要。

拍照是为了记住幸福的时刻，而不是证明你看起来很好或做了什么值得炫耀的事情。在你的手机上设置一个特别的相册，保存这些“幸福的时刻”。当你感觉很好，很享受，或者有什么启示的时候，不管你面前是什么，都拍一张照片吧（不管这张照片在社交媒体上显得多么平淡无奇）。当你回过头来再欣赏这些看似信手拈来的照片时，你会再次体验到当时触动你的那些感觉。通过对比你会看到，捕捉对你重要的时刻和制造让别人感觉重要的时刻之间有怎样的差异。

找出那些你一直认为在评判你的“人”。“有人在议论我。”“我真担心别人会怎么想。”其实大多数时候，那些“人”只是一群存在于你脑海中的虚拟影像。换句话说，他们就是你，是你向外的投射，是你评判自己的标准。首先要意识到，你担心的“人”其实并不存在。

想想什么最让你嫉妒。最让我们嫉妒和羡慕的往往是那些我们觉得自己做不到的事。我们嫉妒漂亮的女孩，不是因为我们想变得像她一样漂亮，而是因为我们缺少更重要的东西，那就是对自己的欣赏。我们嫉妒成功的作家，不是因为我们也想要得到赞美，而是因为我们知道自己没有为了实现这个目标而努力。

在别人来访之前，不必特意打扫卫生。客人其实不一定关注这些。用不着刻意为来访的客人搭建一个美轮美奂的布景。当然，我不是说不必做清洁或不做收纳整理，我的意思是不必把家里收拾得一尘不染。让别人走入你真实的生活，走入你生活中当下的这一刻。只有这样你们才能建立真正的连接。

重新思考你会如何庆祝一年中最重要的日子。大多数人会与那些只在假日才见面的亲戚团聚，他们和这些亲戚平时没什么联系，而且也不太愿意见到这些人。这样的日子应该和爱你的人一起聚会，吃饭，互送礼物，而不是应付那些只是在道德层面有义务见面（情感上却只觉得压抑）的人。

扔掉那些没有用或没有意义的东西。这一点之所以如此重要，是因为那些东西会定义你，尤其是当我们为了让自己显得“与众不同”而购买它们的时候。我们买的东西构建了我们的体验，进而创造了我们的感受。每天我们都在通过它们来感觉自己是完整的。这并不是说拥有的东西越少越好，而是应该只选择有实际用途或有意义的东西。这样做，你的人生将会发生改变。（这件事非同小可。）

第34篇

为什么你不应该寻求舒适

01 | 你的大脑无法区分“好”和“坏”；它只知道“舒适”和“不舒适”。这就是为什么罪犯从不认为他们的行为是“错误的”——他们认为自己的行为完全正当。这就是为什么我们会做一些明知对自己有害的事情，还认为这样做“感觉良好”。

02 | 你想要的并不是你真正想要的，你只是想要你熟悉的。我们无法预测一个超出我们已知范围的结果。因此，我们不是试图寻求“更好”，而是寻求“我们已知的最好的东西”，也许这个“最好”不过是两害相衡取其轻。

03 | “熟悉的不适”感觉就像“舒适”一样。这就是为什么很多人总是重蹈覆辙，根本不想改变，即使明知道改变对他们来说才是最好的。

04 | 没有真正的安全感。我们寻求舒适，相信它能让我们有安全感，但我们生活在一个没有真正的安全感的世界。我们的身体本就是为进化而生的，我们拥有的物品都是暂时的，会失去和破损。为了减轻这种不确定的感觉，我们宁愿寻求舒适，而不去接受改变。

05 | 成长的唯一方法就是走进未知。这就是为什么很多人都有“情绪突破前的崩溃”时刻。这样的时刻意味着他们的人生有比想象中更好的可能性，只是他们当时不知道那是“好”的。

06 | 大多数人不会主动做出改变，直到“不改变”让他们越来越不舒服。

07 | 人们通常有两种心态：探索者和定居者。我们的社会普遍有一种“定居者”的心态，人们的目标是在这样一个需要不断精进的世界中“完成”各项任务（如家庭、婚姻、事业等）。我们所做的只有成长、拓展和改变。具有“探索者”心态的人能够真正享受他们所拥有的，并充分去体验，因为他们天生是不受拘束的。

08 | 没有真正的舒适；舒适只是一个概念。这是一个很难接受的事实，但世界上真的没有所谓的“舒适”，这就是为什么舒适的东西不能持久，为什么适应得最好的人只是能够随遇而安，在“不适”中感受“舒适”。舒适只是一个概念，取决于你如何定义。

09 | 生活不是追求一种“确定性”，而是无论如何都要去尝试。“舒适”本质上是一种确定性。你可以选择只做有把握的确定的事情，也可以选择无论发生什么，你都尽力而为。（猜猜怎样选择会过得更好？）因为没有人能真正确定任何事，所以那些热爱生活的人会去尝试所有可能。

—— 第35篇 ——

自尊的六大支柱：自尊不是感觉，而是思考方式

自尊是一种人格特质，代表一个人喜爱自己的程度。高自尊的人通常有良好的自我认同，大脑会自然而然地为他们提供积极的、支持性的想法，别人的质疑和厌恶不会影响到他们。然而，这也正是自尊和自大之间界限模糊的地方。

用安娜·迪佛·史密斯（Anna Deavere Smith）的话来说，自尊是真正能给我们带来幸福感的东西。这是一种非常主观的感觉，认为一切都会好起来，因为我们有能力让一切都好起来。“我们可以决定自己的道路，并沿着这条道路前进。这不是说我们要独自前行，而是我们需要一种掌控的感觉——如果一切都崩塌了，我们可以找到一种方法重建。”

自尊不在于你对别人如何看待你有多自信，而在于你对能过好自己的生活有多自信。

真正拥有自尊的人不会关注自己在哪些方面比其他人更好。只有当我们觉得无法掌控自己的生活（或者对目前的状态不满意）时，我们才会去关注“现在我是不是比别人好一点”，以此来安抚失败的情绪。

纳撒尼尔·布兰登详细介绍了建立健康的自我认知的具体步骤。①

---

① 纳撒尼尔·布兰登（Nathaniel Branden）：《自尊心理学》（*The Psychology of Self-Esteem*）。

他特别指出，有些人会采取“自我感觉良好”的方法（我很漂亮，我很富有，我很成功），但这只是一种心理催眠；另一些人则会以一种诚实的方式构建自我认知。

他说，自尊可以归结为两个基本要素，一是自我效能感，即“面对生活挑战时可以保持自信”；二是自我价值感，即“相信自己值得拥有幸福”。

“（自尊）不是一种时刻波动的情绪，而是一种持续的倾向，以体验一种效能感和对自己的尊重。因此，它是经过很长一段时间建立起来的东西，绝不可能随心所欲地出现。自尊是以现实为导向的。虚假的赞美，无论来自自我还是他人，都不会带来好处。真正的自尊不来自外部，而来自自身；不只来自认知，更来自行为。”

布兰登认为，自尊可以建立在以下六种实践方式或“支柱”之上。高自尊的人行动高效，做事能够坚持，从而产生一个良好的循环，敢于做出有争议的选择，而且失败以后复原的速度很快。

有意识地生活

有意识地生活就是知道自己想要什么，不受潜意识的影响和欲望的控制。你有自己的思考，可以基于这种内在的理解做出明智的选择。

自我接纳

改变的起点是接纳自己。如果你总是自我苛责，那就更不可能改变，因为你消耗了大量的精力来批评自己。自我接纳是真实地面对自己，不否定也不逃避。当你犯了错误时，你要站在朋友的角度安慰自己，相信自己会做得更好。

自我负责

你对自己的幸福负责。你知道这句话的意义：“也许这不是你的错，但它仍然是你要解决的问题。”你掌控着自己的人生，你对你做的一切决定负责。

自我肯定

你可以维护自己，但没必要防御。防御源于恐惧，果断源于自信。

有目的地生活

你用心而有目的地生活。你意识到，你的“目标”就是在你所在的地方，做你正在做的事情。这样就会让你的生活充满目的感，因为这是你主动选择的，而不是被动等待别人为你创造的。

个人诚信

你要求自己遵守一定的道德、伦理和责任标准。你会为自己建立一套行为准则，而不是仅仅遵守你已经习惯的行为准则。你能够客观地看待各种选择，即使做到这一点非常困难。因为你知道一句重要的话：“通往地狱的道路，是由善意铺就的……”

— 第36篇 —

为什么你应该感谢那些伤害你最深的人

01 | 伤害你最深的人，也是你最爱的人。爱的反面不是恨，是漠然。那些我们毫不在意的人，不会在我们心中激起任何波澜，自然也就不会对我们产生任何影响。

02 | 情感上的伤害常常会促使你改变自己的行为，让你变得更好。在无助的时候，你能学会照顾自己。在感觉被利用时，你会认识到自己的价值。有人对你态度不好，你会培养同理心。当你觉得自己陷入困境时，你会发现总是有更好的选择。你接受自己承受的一切，就会意识到最终没有人能控制一切；你放弃追求绝不可能拥有的东西，就可以找到平静——这才是我们最初真正想要的。

03 | 你学到的东西和你因此成为什么样的人，比你一时的感受更重要。被伤害的感觉似乎难以忍受，但这种感觉只是暂时的。而你因此所拥有的智慧、风度和见识则会为你之后的人生奠定基础。结果远比过程重要，认识到这一点，你就会对你所经历的一切心怀感激。

04 | 遇到这些人绝非偶然，他们是你的老师和成长的催化剂。用作家C.乔伊贝尔·C.（C.Joybell C.）的话说，我们都认为自己是正在消亡的恒星，直到我们意识到，我们正在坍缩成超新星——变得比以往任何时候都更加美丽。我们往往需要经过一番痛苦的比较，才会发自内心地感激自己所拥有的，我们需要用伤害来激发对自我的认知。有时候，光要通过裂痕才能照进万物。

05 | 即使这不是你的错，这也是你要解决的问题，你可以选择如何面对后果。你有权利愤怒，咆哮，憎恨，你也有权利选择平静。把痛苦变成智慧就是承认自己的痛苦，然后把它引导到更好的方向；而不是只承认痛苦，却毫无作为，让痛苦继续存在。

06 | 经历过很多的人通常更聪明、更善良、更幸福。这是因为他们"经历过"，而不是"绕过"或"躲过"。他们完全接纳自己的感受，并从中学习和成长。他们会培养同理心和自我意识，知道应该让谁进入他们的生命。他们会对自己所拥有的心存感激，积极地为自己没有做到的事寻找原因。

07 | 那些伤害你的人让你知道了你应该得到什么。你们的关系并没有真正伤害你，它只是向你展示了你未被治愈的部分，正是那一部分在阻止你得到真正的爱。当我们最终从痛苦的体验和糟糕的关系中走出来的时候，我们会意识到自己更有价值，于是我们选择得到更多。我们会意识到自己曾经如何盲目或天真地对别人说"是"，将我们的心错付他人。我们会意识到自己在追求一段"求不得"的感情时有多么卑微。通过经历这些看起来最糟糕的事情，我们最终会发现过去的感觉是错的，因为我们值得得到更多。

08 | 真正的坦然面对一切，就是能够说：“谢谢你给我那段经历。”

要想彻底摆脱一件事，你必须认识到它的意义是什么，它如何让你变得更好。在此之前，你只会自怨自艾，这意味着你还没有到达智慧的彼岸。要完全接纳你的生活——高峰、低谷、顺境、逆境——对所有的一切心存感激，在顺境中顺势而为，在逆境中逆风翻盘。

— 第37篇 —

你总想知道自己是怎么走到今天这一步的，这会阻碍你继续往前走

你应该试着弄清楚你的感受。你应该追踪你的思维轨迹，找到你内心深处信念的起源，并确保它们真的是你的，而不是外界灌输给你的。你应该列出你做过的，却又认为没有价值的事情。你应该问问自己，你觉得自己最缺乏的是什么，然后看看你在这些方面付出的努力是多么少。

不要总想着搞清楚自己是怎么走到今天这一步的。你只是想搞清楚你的命运，就好像它是某种控制你的东西，而不是你来掌控它。你认为你现在的生活是过去的你一手造成的。

你只是着眼于各种行为产生的结果，并且很想知道它们怎么会变成现在的样子。

有些问题可能不存在答案。有的答案只会产生更多的问题。只有亲身经历过，见证过，努力过，才能找到解决办法。

一切事物在最纯粹的状态下都是混乱而独特的，是神秘而又神奇的。我们找不到起源，结局却显而易见。我们只能亲身经历和观察，别无他法。

有些事情你立刻就会理解。有些结果产生的原因完全在你身上。在你的生活中，你知道有些事情符合你的选择，另一些事情却似乎与

你想要的恰恰相反。后面这些事也同样重要，甚至更重要。

有些事情是有原因的，并且原因很容易发现。但有些事情在很长一段岁月中你都无法理解。当你回首往事时，你会说：“我一直不明白为什么会这样。”

这并不会让事情变得更糟。

有时，关键是要去经历无知和困惑的过程。你因为不确定而领悟到的东西有时比原本的不确定更重要。

你可能永远都不知道是否“命中注定”要住在某座城市，但你还是会住在那里，因为你就是这样选择的。除非去尝试，否则你不可能知道是否“命中注定”要和某人在一起。你会一直停留在给你带来伤害的关系里，因为你不愿意接受改变带来的不适，哪怕新的关系会更好。它们都是未知的、陌生的，和你曾经熟悉的、习惯的不一致。

这并不意味着新选择是错误的或糟糕的。这只是说明你无法预测它们。你当时不太了解，没有选择它们。

试图弄清楚你为什么会有今天，就是回到过去看现在，看你是否会对今天的生活感到满意，这相当于是在不存在的人身上寻找答案。

明确的答案来自行动，而不能只停留在想的层面。

所谓美好生活，就是能充分利用你所拥有的，接受某些东西你无法拥有这个事实，同时相信你总会在出乎意料的时刻，得到你需要的。

— 第38篇 —

如何为心灵排毒（而且不需要玩消失）

如果说我们在学习照顾自己的身体方面还有很长的路要走，那么在照顾自己的心灵方面，我们差得就更远了。我们的大脑构建我们的体验，这个过程中有很多因素会改变和转换我们的视角，这些因素完全在我们的控制范围内，我们却没有意识到。不过，你可以做一些事情来给你的心灵排毒，重新洗牌，把过去的事一笔勾销。

01 | 去旅行，融入当地文化。改变你对“正常”的定义。这样做会让你看到，你不知不觉间从自己平时所处的环境中接受了多少行为模式/价值观/信念（以及你要如何改变这些顽固的观念）。

02 | 用切实有效的方法解决情绪问题。人们总是认为一种情绪会抵消或修复另一种情绪——如果你心烦意乱，就去找点乐子来抵消这种情绪。给你的心灵排毒就是让那些不真实的积极情绪消失，转而去寻找实际的解决方法。

03 | 要知道，情绪的毒性产生于心理上的抗拒。与其抑制一种情绪，强迫自己保持另一种情绪，不如试着完全接纳当下的一切感受。

心理上的抗拒会让你暂时麻木，但也会让你的情绪不适（如果我这样做，我就会有这样的感受）。

04 | 识别那些束缚你的东西。摆在你面前的问题虽然已经过去了，但它们变成了你脚下的裂缝，你前进路上的绊脚石。不要再试图消除表面的症状了。回顾过去，找出原因。

05 | 开车去你没去过的地方。去一个陌生的社区，看看别人是怎么生活的。看看他们下班回家的样子，从外面看看他们的客厅。这会让你感到安慰，因为你会意识到自己是多么的渺小——这要比眺望大海更有效果。每个人都有自己不为人知的故事。

06 | 重新摆放你的家具。你的大脑会通过物品以及物品释放出的信号来构建你的体验，因此你会不断地下意识地触发消极的联想。所以你要改变你的想法，改变你的感觉。

07 | 做一次精神净化。写下每一个不断在你脑海中闪过的奇怪想法——只要把它们写下来，你就能轻松一下。

08 | 重构你的数字生活。永远切断与外界的联系是不现实的（很多人也根本不想这样），但经常浏览社交媒体上的负面信息，并期望它们不会影响你，也是不现实的。先取消关注那些你不想看到的账号，再多关注一些内容积极的账号。

09 | 注意自己下意识的动作。注意你的脚是怎么走路的。你不会为每一次抬脚做决定，不过你的大脑会说：“来吧，我们今天要走到

那里。”于是你就开始走了。早晨起床后你为这一天做计划的时候，思维模式差不多也是这样。

10 | **清理你的情感空间：反思一下你对保留在自己身边的东西有怎样的情感依恋。**你买这些衣服是想成为另一个人吗？你的公寓里是否有你在人生低谷时期做的装饰？你可以放弃一些东西，不过在决定要放弃什么的时候，先思考一下它们带给你的感觉。

11 | **整理人生。**做一个三栏表格，左面一栏写下你人生中取得的所有成就；中间一栏写下你日常生活的需要；右面一栏写下你一直以来的习惯会导致什么，还有你希望能够在未来做些什么。这能帮助你着眼于大局。迷失在细节中往往会让人感到焦虑。

12 | **每当你开始陷入有害的思维循环时，就改变一下你身体的姿势。**这样做就是为你的身体创造一种新体验，让你重新专注于当下（在你的办公桌后面做这件事很简单）。

13 | **拓展你的思维。**拿起一本你感兴趣的书，读一读。对于你已经形成一套自己的理论的东西，也看一看与之有关的研究。积极了解你本身就感兴趣的事情，以此让自己爱上学习，并更了解这个世界。

14 | **反思一下你与现实世界脱节的程度。**如果你大部分的人际关系都是线上的（并不是因为距离远），而且你已经很长时间没有和朋友进行一次面对面的交谈，那你就要想想你在现实生活中是否把人际互动放在第一位。请记住，如果要给自己制造焦虑，那么隔着屏幕与人交流基本上就是最好的方法。

15 | 找出不断让你分心的瘾是什么。让人们挣扎的大多数事情都是某种形式的上瘾：这是一件你一直在做但你并不想做的事情。要知道，上瘾是一种自我切断，而这种切断源于你（认为）无法面对的现实。

16 | 学会不把“足够好”看作“不完美”。如果有一件事能让你在精神上和情感上得到最大的解脱，那就是让“足够好”就是真的“足够好”。

17 | 去除你生活中纯粹的表演部分。阻碍我们思考的，大部分都是我们为了构建一种比其他人更惬意、更高尚、更精彩的生活（只有这样才算足够好）而投入的不必要的努力。这与我们真正的意图背道而驰：通过种种华而不实的想法和执念，我们让自己远离了真正的幸福体验（接受生活是琐碎、简单和富足的）。我们扮演各种角色，唯独没有做自己。

18 | 写下你讨厌别人的地方。你写下的这些就是你需要改变你自己和你的生活的地方（你只是太过抗拒去做一些实际的改变）。要知道，这通常不是那种显而易见的问题。比如你不会因为邻居总是在你吃晚饭时登门而讨厌她，因为你偶尔也会这样做。你讨厌她是因为她性格古怪，而你觉得自己和她相似，只是你一直竭力避免表露出来，因为你觉得这样的性格不被人接受。这是一张备忘清单，让你知道自己的生活到底出了什么问题。这很重要，因为只有完全弄清楚问题，才能找到解决方案。如果你不知道该做什么，就意味着你不知道哪里出了问题。如果你不知道哪里出了问题，那是因为你内心深处一直抗拒看到问题。

— 第39篇 —

12个迹象表明，你生活中唯一的问题就是想得太多，做得太少

焦虑通常是因为感到自己无所作为。但反思自己的生活是为了让自己过得更好，而不是相反。当你只停留在思考阶段而不去实际行动时，就会发生下面这些事。

01 | 你的目标是完美的结果，而不是完美的行动。你更喜欢想法，而不是通过具体的行动来实现它们。当你梦想自己的完美生活时，你考虑的是你在别人眼中的样子，而不是你应该通过做哪些事来实现梦想。

02 | 你有强迫型幻想症。强迫型幻想症是指用大量的幻想来代替人际交往和正常生活。在幻想时，你会做一些重复的动作，比如循环播放同一个歌单中的歌曲、来回踱步、摇摆身体等。你不去处理生活中的问题，而是在脑海中上演超级真实生动、精细复杂的剧情，就像在放电影一样，以此来逃避现实。

03 | 你的人生目标太过抽象。你知道你想要帮助别人，影响别人，为别人发声，但你不知道怎么做。你肯定没有努力将这种热情投入到你的实际生活中，没有融入你所处的环境，没有和你每天遇到的人真正进行交流。

04 | 解决大多数问题的方法只是做一些小的改变，但你却断然拒绝了。这是一个典型的迹象，说明你在用过度思考来转移注意力。这很容易做到，因为对一个问题寻根究底、吹毛求疵，会显得你认真严谨。但有答案之前可以这样，找到答案之后你就必须采取实际行动了。

05 | 你总是很忙，但从来没有足够的产出。你的工作似乎永远都没有完成，你浪费了很多时间，不知道它们去了哪里。你总是压力很大，你的大脑昏昏沉沉，就好像你永远都处于一项高强度的任务中，却永远看不到它的完成。

06 | 你倾向于拒绝你最想要的东西。你不会真正努力，一步一步得到它，而是深信自己不值得、不可能拥有它，或者认为你想要什么就意味着你也有可能失去它（所以从来没有过总比有过又失去要好）。

07 | 你属于那种只关注自己讨厌的东西的人。这实际上意味着你：（1）经历的事情不够多，没有其他更有趣的事情可以谈论；或者（2）有着深深的不安全感，因为看到别人和你处于同样的水平（你的评判标准是超过别人，未达到标准就会感到无比自卑）。

08 | 你的大部分问题都可以归结为害怕被批评或被排斥。如果这种恐惧在你的生活中达到了一定程度，那通常是因为你已经基于别人的想法在心中描绘了很多你认为自己喜欢或应该做的事情。你会以非常不自然的心态采取行动——你会先思考一番，接着改变你做事的方式，然后再去行动，同时不断担心着别人不认可你。

09 | 如果你停下来认真想一想，你可以想出十件值得感激的事情。你不是没有值得感激的事，而是没有意识到你拥有什么。感恩会激发更多的付出，从而得到更多的回报。积极思维不会让你停滞不前，也不会让你想太多。

10 | 你想改变生活中的某些方面，但你的注意力却集中在放弃旧的，而不是创建一些新的，让旧的自然废弃。换句话说，你过度关注旧事物，赋予其太多意义，以此来寻找安慰。

11 | 你只想寻找快速的解决方案，而不是仔细思考如何调整。当你尝试某件事失败时，你花了太多的时间去关注失败的原因，而不是学习你需要掌握的技能，然后继续前进，再尝试新的事物。你知道什么是不对的，但就是不愿意去探寻其他可能。

12 | 你总是在想象你要做什么，但从来没有真正去做。你说服自己，当一切都准备就绪时，美好生活就会到来，但实际上，美好生活来自你的实际行动。

第40篇

在这个崇尚“激情”的时代，为什么理性的人生活得更好

我们这一代人相信，激情是快乐、成功、幸福的生活必不可少的要素。我们从小就被告知“你可以做任何事”以及“你一定能成功”。

但关键不是追逐激情，而是充满激情地追随目标。激情是一种前行的方式，而不是决定目的地的因素。激情是点燃火焰的火花，而目标是让火焰整夜燃烧的火种（我之前就说过这个）。也就是说：激情的反面不是满足于平淡的生活，而是将激情与理性相结合，最终到达你想去的地方。

客观地看待我们的生活，用一种实事求是的心态来解释我们的情绪、发生的事件和做出的决定——这是一种能力。这种能力不仅是有益的，而且是让生活良性运转的必要条件。人类的理性不是凌驾在激情之上的，而是为激情买单。原因如下：

01｜激情告诉你，你应该去追求你生命中最想要的东西，不是“你想要什么”，而是“你最想要什么”，如果这些欲望相互冲突，你会听从哪个欲望。

人们如果不去做他们声称最想做的事情，唯一的原因就是他们还

有一些更想做的事。

他们最终无法完成自己想做的一些事，因为他们只根据自己最强烈的欲望做事，而不是优先考虑那些要做的事。

“我想再休息一天，但我也想多赚点养老的钱，把生意做得更好。现在，我选择了后者，这样就能让我以后更好地休息。”看到了吗？关键在于你最想听从哪个欲望。

当人们完全凭感性来规划生活时，就无法选择自己应该听从哪个欲望，所以他们选择了能够让人达到最高兴奋点的欲望。这很容易犯错误，因为这种刺激的感觉是短暂的，同时又会带来无穷的后果，而这些后果与他们最初的意图背道而驰。

02｜激情将关系建立在感觉上；理性则将关系建立在目标上。

这个“目标”是爱（不是依附，也不是排解孤独感、赚钱或实现自我，可惜有些人的目标就是这些）。我们通常被教导，爱只是一种“美好的感觉”或一个“动词”。但是，当你和对你很重要的人在一起时，有很多“美好的感觉”不是基于爱产生的，你做的事也不是出于你认为的“爱”。

爱是将你们的关系建立在某种基础上的承诺，不仅仅是一种短暂的结成亲密关系的感觉。如果你相信激情就是爱，那么当激情产生的荷尔蒙渐渐消退时，你就会想结束一段关系；或者更糟的是，你会归咎于伴侣，认为是他变了，他对你不够好。

这常常导致人们对“自己是否爱某个人”非常犹豫和不确定。他们不知道是应该放手，还是应该更努力地尝试；是应该消极地等待一个结果，还是承认爱并不是一场狂热的梦。

我用了很多年的时间试图弄清楚我是否真的爱过一些人。在交往的过程中，我总是表现得反复无常，最终发现自己混淆了爱和激情（它们不是同一件事）。

03｜理性让你客观地看待事物；激情则让你以主观看法消耗自己。

人们做的最富有激情的事情是用尽全力尖叫，没有目的，也没有原因，只是一种情感的宣泄。如果处理不当，会让人觉得是一种冒犯。

无论你的感情或信仰有多强烈，都要与其他所有人的感情和信仰共存，而它们不可能全部重合或一致。这不意味着你或其他人是错的，只是激情不允许你承认这种共存的事实。激情是独一无二的，当它与现实无法相容时，就会表现出破坏性。

04｜理性为你希望成为的那个人做决定；激情为现在或者过去的你做决定。

激情如此强烈，本质上是因为它能给你没有意识到的问题一个答案，能够给你一直在纠结的事情提供一个解决方案。它是一种解脱或超越。它会让你兴奋，让你感到熟悉，让你觉得它是一种解药。

能表明你在前进的唯一迹象是你不知道自己要去哪里。如果你知道自己在做什么，你就是回到了原先的老路上。能表明你还活在过去的一个迹象是你没有感觉到那种无所顾忌的“兴奋”。（你要向别人或自己证明某事。）

05｜激情对你说，你应该最大限度地实现你最疯狂的梦想；理性对你说，你应该最大限度地发挥你的潜力。

因此，激情会让你认为自己的人生“不如人意”，因为你并没有在做符合自己理想的事情；而理性会告诉你，你为什么想要这些东西。于是你最终会得出结论——大多数时候其实你都不想要它们。理性告诉你要最大限度地发挥你的潜力，而不是夸大你的梦想，这会让你最终到达目的地，而激情只能让你一直梦想这个地方。

06｜激情源于依附；理性会消除这种依附。

激情是对一种理想的依附，更常见的是对一种特殊感觉的依附，是一种要不断体验那种感觉的欲望，并且无论如何都要尽一切努力去强化那种感觉。当人们想象充满激情的生活时，他们想象的是做一些事情，找到一些人，好让他们产生那种特殊的感觉。这不仅不现实，而且根本不可能。理性会告诉你，即使你有一份喜欢的工作，也不会每天都干劲十足。与你生命中的真爱谈恋爱，并不一定能保证爱会持久（尽管人们总是会这样想象和渴望）。而当你带着“我会做需要做的事情，即使那很困难”的态度去做事时，你最终会打下良好的基础，提升技能和能力。颇具戏剧性的是，一段时间后，原先阻碍你的困难就神奇地消失了。

07｜感恩源于理性，幸福的生活源于感恩。

人们需要“练习感恩”，需要不断回顾他们所感恩的事情，遗憾的是，很少有人天生拥有感恩之心。而实际上，无论你目前的处境如何，你都能找到理由心怀感恩。

培养感恩之心不是等待幸福的感觉，而是通过积极关注你所拥有的幸运、感激和自豪来找到幸福——这是对生活感到满足的前提，因为它会让你处于一种寻求更多值得感恩的事物的心态。正如大家都知道的：你寻求什么，你最终就会找到什么。

08｜理性消除情绪；激情试图用某种情绪来消除其他情绪。

理性可以消除非理性的、不合逻辑的、痛苦的情绪，并通过寻找它们的根源，确定它们的产生原因，评估它们是否有用，或者仔细倾听它们传达的信息并采取相应的行动（如果这是最好的办法），把你带到一个更高层次的认知状态。

激情试图用某种情绪来消除其他情绪。用兴奋去抑制低落，用新的感受去取代旧的感受。这就像试图用手去抓水，最后仍是两手空空。

只有强大、清晰、遵循正确引导的头脑才能消除佛教徒所谓“心猿”（每个人每天都会产生的一系列不理性的、自发的想法，即使不能构建你的情绪状态，最终也会影响你的情绪状态）所产生的非理性压力。理性能告诉你头脑和心灵如何协调一致，而激情认为它们本就是一体的。

09｜很多想要“追求激情”和寻找“激情关系”的人，都是在寻找自己匮乏的东西。

深情的、真诚的、充满爱的关系很少是歇斯底里的或高度情绪化的。它们平和从容，令人向往，无比美好，有时还很强大，而那种不顾一切的狂热激情通常只是在试图填补空虚，逃避问题和现实。

对一段激情关系的痴迷通常是一个人不够爱自己的表现。对事业的狂热追求源于对当前现实的强烈不满。它们是舒缓心情的方法、转移注意力的手段和逃生的路线：每个人都在逃避的怪物，当然就是自己。

参考文献

Briggs, R., 'Sparrow, John Hanbury Angus', in *Oxford Dictionary of National Biography* online (oxforddnb.com), https://doi.org/10.1093/ref:odnb/51324
Budiansky, S., *Journey to the Edge of Reason* (W. W. Norton, 2021)
Cheetham, A. and D. Parfit (eds), *Eton Microcosm* (Sidgwick & Jackson, 1964)
Cobb, R., *People and Places* (Oxford University Press, 1985)
Cohen, G. A., *Finding Oneself in the Other* (Princeton University Press, 2010)
———, 'Rescuing Conservatism: A Defense of Existing Value', in *Reasons and Recognition: Essays on the Philosophy of T. M. Scanlon*, ed. R. J. Wallace, R. Kumar, and S. Freeman (Oxford University Press, 2011), pp. 203–30
Crisp, R., *The Cosmos of Duty* (Oxford University Press, 2015)
Curl, J. S., *The Erosion of Oxford* (Oxford Illustrated Press, 1977)
Dancy, J. (ed.), *Reading Parfit* (Blackwell, 1997)
Edmonds, D., (a) *Would You Kill the Fat Man?* (Princeton University Press, 2014)
———, (b) 'The World's Most Cerebral Marriage', *Prospect Magazine*, August 2014
———, 'What Makes Life Worthwhile?', *Jewish Chronicle*, 12 March 2018
———, *The Murder of Professor Schlick* (Princeton University Press, 2020)
Edwards, P. (ed.), *The Encyclopedia of Philosophy*, Volume 5 (Macmillan, 1967)
Ehrlich, P., *The Population Bomb* (Ballantine, 1971)
Forsyth, F., *The Negotiator* (Bantam Press, 1989)
Hardy, H. (ed.), *The Isaiah Berlin Virtual Library*, https://berlin.wolf.ox.ac.uk/
Heald, T. (ed.), *'My Dear Hugh,': Letters from Richard Cobb to Hugh Trevor-Roper and Others* (Frances Lincoln, 2011)
Hobbes, T., *Leviathan*, ed. N. Malcolm (Oxford University Press, 2012)
Hume, D., *A Treatise of Human Nature*, ed. L. Selby-Bigge (Clarendon Press, 1978)
Kagan, S., *The Limits of Morality* (Oxford University Press, 1991)
Kamm, F. M., *Morality, Mortality*, Volume 2: *Rights, Duties, and Status* (Oxford University Press, 1996)
———, 'Famine Ethics: The Problem of Distance in Morality and Singer's Ethical Theory', in *Singer and His Critics*, ed. D. Jamieson (Blackwell, 1999), pp. 162–208
Kant, I., *The Groundwork of the Metaphysics of Morals*, trans. H. Paton (Routledge, 1948)
———, *Prolegomena to Any Future Metaphysics*, ed. B. Logan (Routledge, 1996)
Leslie, S.-J., A. Cimpian, M. Meyer, and E. Freeland, 'Expectations of Brilliance Underlie Gender Distributions across Academic Disciplines', *Science*, 16 January 2015, pp. 262–65
Lovibond, S. and S. Williams, *Essays for David Wiggins* (Blackwell, 1996)

MacFarquhar, L., 'How to Be Good', *The New Yorker*, 5 September 2011
Mackie, J., *Ethics: Inventing Right and Wrong* (Penguin, 1977)
McMahan, J. (ed.), *Derek Parfit: His Life and Work* (Oxford University Press, forthcoming [2023])
McTaggart, J., *The Nature of Existence* (Cambridge University Press, 1927)
Mill, J. S., *On the Subjection of Women* (MIT Press, 1977)
———, *'On Liberty' and Other Essays*, ed. J. Gray (Oxford University Press, 1991)
Miller, A., *Timebends: A Life* (Methuen, 1987)
———, 'The Chelsea Affect', *Granta* 78 (2002)
Murphy, L., *Moral Demands in Nonideal Theory* (Oxford University Press, 2000)
Nagel, T., 'What Is It Like to Be a Bat?', *The Philosophical Review* 83/4 (1974), pp. 435–50 (reprinted in Nagel [1979], pp. 165–80)
———, *Mortal Questions* (Cambridge University Press, 1979)
———, *The View from Nowhere* (Oxford University Press, 1986)
Nietzsche, F., *The Gay Science*, ed. B. Williams (Cambridge University Press, 2001)
Nozick, R., *Anarchy, State, and Utopia* (Basic Books, 1974)
Oates, J. C., *A Widow's Story* (Fourth Estate, 2011)
Parfit, D., 'Personal Identity', *The Philosophical Review* 80/1 (1971), pp. 3–27
———, 'Innumerate Ethics', *Philosophy and Public Affairs* 7/4 (1978), pp. 285–301
———, 'Prudence, Morality, and the Prisoner's Dilemma', *Proceedings of the British Academy* 65 (1979), pp. 539–64
———, 'Rationality and Time', *Proceedings of the Aristotelian Society* 84/1 (1984), pp. 47–82.
———, *Reasons and Persons* (first paperback edition) (Oxford University Press, 1986)
———, 'Why Does the Universe Exist?', *The Harvard Review of Philosophy* 1/1 (1991), pp. 2–5
———, 'The Puzzle of Reality: Why Does the Universe Exist?', *The Times Literary Supplement*, 3 July 1992, pp. 3–5
———, *Equality or Priority?* (University of Kansas, 1995)
———, 'Why Anything? Why This?' [in two parts], *London Review of Books*, 22 January and 5 February 1998, pp. 24–27; 22–25
———, (a) *On What Matters*, Volume 1 (Oxford University Press, 2011)
———, (b) *On What Matters*, Volume 2 (Oxford University Press, 2011)
———, (c) 'Responses to Questions from L. MacFarquhar' (unpublished, 2011)
———, *On What Matters*, Volume 3 (Oxford University Press, 2017)
Parfit, D. and J. Broome, 'Reasons and Motivation', *Proceedings of the Aristotelian Society*, Supplementary Volumes 71 (1997), pp. 99–146
Parfit, D. and T. Cowen, 'Against the Social Discount Rate', in *Justice between Age Groups and Generations*, ed. P. Laslett and J. Fishkin (Yale University Press, 1992), pp. 144–61
Patten, C., *First Confession* (Allen Lane, 2017)
Putnam, H., *Ethics without Ontology* (Harvard University Press, 2004)
Quine, W.V.O., *The Ways of Paradox*, revised edn (Harvard University Press, 1976)
Raina, P., *John Sparrow: Warden of All Souls College, Oxford* (Peter Lang, 2017)
Rhees, R. (ed.), *Recollections of Wittgenstein* (Oxford University Press, 1984)
Rowbotham, S., *Promise of a Dream* (Allen Lane, 2000)
Russell, B. and P. Russell (eds), *The Amberley Papers* (George Allen & Unwin, 1937)

Sacks, O., *An Anthropologist on Mars* (Picador, 1997)
Scanlon, T., *What We Owe to Each Other* (Harvard University Press, 1998)
Scheffler, S., *The Rejection of Consequentialism* (Oxford University Press, 1982)
Scruton, R., 'Parfit the Perfectionist', *Philosophy* 89/350 (2014), pp. 621–34
Setiya, K., '(Review of) Derek Parfit, *On What Matters*', *Mind* 120/480 (2011), pp. 1281–88
Shoemaker, S., *Self-knowledge and Self-identity* (Oxford University Press, 1963)
Sidgwick, H., *The Methods of Ethics* (Hackett, 1981)
Singer, P., 'Famine, Affluence and Morality', *Philosophy and Public Affairs* 1/3 (1972), pp. 229–43.
——— (ed.), (a) *Does Anything Really Matter?* (Oxford University Press, 2017)
———, (b) 'A Life That Mattered', *Project Syndicate*, 14 March 2017, available at https://www.project-syndicate.org/commentary/life-that-mattered-derek-parfit-by-peter-singer-2017-03
Smart, J. and B. Williams, *Utilitarianism: For and Against* (Cambridge University Press, 1973)
Srinivasan, A., 'Remembering Derek Parfit', *London Review of Books*, 6 January 2017
Stonier, A. and D. Hague, *A Textbook of Economic Theory* (Longman, 1964)
Suikkanan, J. and J. Cottingham (eds), *Essays on Parfit's 'On What Matters'* (Wiley-Blackwell, 2009)
Taurek, J., 'Should the Numbers Count?', *Philosophy and Public Affairs* 6/4 (1977), pp. 293–316
Temkin, L., 'Inequality', PhD thesis, Princeton University, 1983
Voorhoeve, A., *Conversations on Ethics* (Oxford University Press, 2009)
Wiggins, D., *Identity and Spatio-Temporal Continuity* (Blackwell, 1967)
Williams, B., *Moral Luck* (Cambridge University Press, 1981)
———, *Ethics and the Limits of Philosophy* (Fontana, 1985)
———, *Making Sense of Humanity* (Cambridge University Press, 1995)
Wittgenstein, L., *Tractatus Logico-Philosophicus* (Routledge, 1974)

Archive Sources

Balliol College, Oxford: Balliol College Historic Collections. Quotations by permission of the copyright holders and the Master and Fellows of Balliol College.
Bodleian Libraries, University of Oxford.
Canning Club, Oxford: Papers held at the Bodleian Library, University of Oxford. Quotations by permission of the Oxford Canning Club.
Church Mission Society Archive, University of Birmingham, Cadbury Library. Quotations by permission of the Church Mission Society.
Commonwealth Fund Archive, Rockefeller Archive Center.
The Dragon School, Oxford. Quotations by permission of the Head (Preparatory), Emma Goldsmith.
Eton College Archives. Quotations by permission of the Provost and Fellows of Eton College.
Harvard University: Harvard University Archives. Quotations by permission of Harvard University Archives.
The Isaiah Berlin Literary Trust. Quotations from Isaiah Berlin by courtesy of the Trustees.
Oxford University Press Archives. Quotations by permission of the Secretary to the Delegates of Oxford University Press.

译后记

一次偶然的机会，我填写了普林斯顿大学出版社的问卷调查。不久，在 2022 年底，我收到了该社 2023 年春季图书预告。翻阅书目时，一本帕菲特的传记映入眼帘，作者是大名鼎鼎的大卫·埃德蒙兹。他曾撰写多部学者传记和哲学普及图书，包括广为人知的《维特根斯坦的拨火棍》以及《你会杀死那个胖子吗？》。埃德蒙兹的文字已被广泛验证，风格清晰，内容深入浅出，适合非专业读者阅读。然而，尽管我对这本传记充满兴趣，却并不敢贸然自荐为译者，因为我深知自己在文字表达上的局限。

我们通常有两种语言表达形式。一种是学术性的，语言在其中仅为表达思想的工具，类似数学或逻辑，思想独立于语言之外。这类表达我勉强能应付，也一直从事相关翻译；另一种则是语言本身即是内容，表达方式甚至比所表达的思想本身更重要，例如许多古典诗词，这种表达完全超出我的能力。而帕菲特的这本传记正是兼具这两种语言特征：它既讲述帕菲特的重要学术思想，也描绘他的经历与人格。

尽管我自己不敢译，但仍认为将这本书翻译出来极具价值。因为我始终觉得帕菲特在道德哲学上的贡献，与罗尔斯之于政治哲学相当，但帕菲特的学术影响却远不及后者，这种对帕菲特的不公，在中文学界情况更为严重。仅从“知网”上的数据便可见一斑：在我写作本文时，使用“Derek Parfit”作为关键词检索得到的条目总数为692，而“John Rawls”高达77100有余，前者在国内的影响尚不足后者的1%。即使在以分析哲学为主导的英语学界，帕菲特的被引用率和获得的学术关注，也不到罗尔斯的10%。我不排除是我个人认知存在偏差，帕菲特或许确实不及罗尔斯声望之高，但差距不应如此悬殊。因此，我向国内几家出版社推荐了这本传记，然反响平平，或因帕菲特的知名度尚未打动编辑，抑或是我推荐不力。

转机出现在2023年底，上海文艺出版社的肖海鸥编辑联系我，表示她与同事正在引进这本传记的版权。尽管我仍觉自己不够格胜任翻译，但作为后果主义者，我认为一个不尽如人意的译本，总好过没有译本。于是几经犹豫，我厚着脸皮表示愿意承担翻译工作，同时提出两个条件：一是我希望借助翻译工具进行这项工作，在语感和文字流畅度有基本保证的前提下我再做全面的译校（后来我妻子宋学芳女士的加入，极大减轻了我在这方面的担忧）；二是希望鲍夏挺编辑担任本书的责任编辑——他正在负责我另一本译著《运气均等主义》的修订，对译文的细致校对和文字润色让我极为惊喜，也让我对这本传记的翻译质量更有信心。两位编辑爽快地答应了这两个条件。

起初我们计划2025年3月交稿，年底前出版。然而，暑期的一件意外事情让我希望提前出版：帕菲特的头号“铁粉”、罗格斯大学的荣休教授拉里·特姆金将于2025年5月在中国进行系列学术演讲。我希望届时他能见到这本传记的中译本，顺便谈谈他与帕菲特之间不得不说的故事。不仅如此，正是拉里把我与帕菲特之间串联起来，形成了一段“四代正宗歪传”的故事。

这个故事的开端是我成功入选了 2017—2018 年度中美富布莱特高级访问学者项目。彼时我正在翻译帕菲特的《论重要之事》，第一卷已出版，正筹划第二卷，原本希望赴帕菲特定期教学的罗格斯大学，并亲手将译本送给他。但天不遂人愿，2017 年 1 月 2 日，我收到当时还在北师大任教的江怡教授的微信消息：“帕菲特教授突发疾病去世。”我随后还撰文做了悼念。

我联系了特姆金教授，他自认是最适合接待我的人，却因即将学术休假而婉拒，并推荐了张美露教授接手我的访问工作。遗憾的是，张教授也在休假，访问罗格斯大学的计划就此作罢。

到了 2021 年，我与好友阮航合作，重新翻译了《论重要之事》的三卷内容，决定根据内容和篇幅重新划分为规范伦理学与元伦理学两卷四册，并获中国人民大学出版社与牛津大学出版社同意。原书导言由塞缪尔·谢弗勒撰写，主要适用于“规范伦理学卷”，而“元伦理学卷”需要新序。最合适的人选自然是特姆金教授。于是我再次写信邀请。巧合的是，他读信时正与一位中国交流生陆鹏杰博士共进午餐。他不记得我是谁，便问陆：“你认识这个写信者吗？”鹏杰答：“他是我导师。”随后特姆金回信，盛赞鹏杰学术能力出众，并对我表示祝贺。我回信中提及北大求学时曾修程炼和徐向东老师多门课程，他再次激动回复：“程炼是我学生，做过我助教！”

于是我们之间就出现了“四代正宗歪传”的谱系：帕菲特指导特姆金（其导师是托马斯·内格尔），特姆金教过程炼（其导师是乔治·谢尔），程炼教授教过我（我师从何怀宏教授），我又指导了陆鹏杰（其导师为宗德生教授）。之所以说“正宗”，是因为我们均坚持分析进路；之所以说“歪传”，是因为彼此均无正式的师承关系。其中真正积极推进帕菲特思想传播的，主要是特姆金和我——帕菲特获得肖克奖就有特姆金在背后大力推动，而我则致力于在中文世界推进帕菲特获得相称的学术影响。

我曾以为帕菲特在中国影响有限，是因为其分析风格与中国传统思维格格不入。但后来我意识到，这顶多是部分因素，因为罗尔斯同样属于分析传统，却在中国有极高关注度。为此我特意请教特姆金，他给出了两个有力解释：第一，帕菲特研究的议题较新，尤其是关于未来人口的部分，尚无传统可依，而罗尔斯则依托于契约论的悠久传统，这在喜欢人物研究的中国更易获得关注；第二，从 20 世纪六七十年代起，西方哲学的国际学术重心已转向美国，而罗尔斯身处哈佛，培养出众多一流哲学家，在学术网络与影响力方面占据天然优势。这个对比放在中国也不例外——“外地放一炮，不如北京打一枪”。

另外，我也猜测，帕菲特本人的性格和行事风格，也许是其影响力有限的原因之一。从传记可见，按日常道德标准衡量，他未必是一个“好人”。他时常要求他人为他破例陈规；他与有伴侣的女性交往过；他频繁违背出版合约，为满足自己极致的美学要求，让牛津大学出版社的工作人员受尽折磨；他甚至在上课时因天热而若无其事地脱下外裤，与学生交谈时也没有社交距离的概念，放在今日这些行为恐怕早已引发指控。如张美露教授所言，帕菲特是个“怪人”，而在我看来他也许是“病人”。他有“心盲症”，记不住人的长相，这也许引发了他独特的人格同一性观点；他天生没有“恨”的情感，甚至对希特勒这样的恶人也无法生出憎恶，他极力反对“罪有应得”观念可能与此有关。他对人际情感的理解也大异常人，对边际效用递减毫无反应，可以几年如一日地食用同一套套餐而不觉难受。帕菲特可以做到对所有人一视同仁，无论是本科生还是知名教授，他都会提出坦率而诚恳的批评与建议。这在晚辈看来或许令人感激，但对名声在外的学者而言，有时难免让人觉得是一种冒犯。尽管罗尔斯曾给予帕菲特极大支持，公开推荐他，但帕菲特依然毫不避讳指出，围绕罗尔斯的论文产业太过庞大，他不应得到如此多的关注。

译完这本传记，我对帕菲特的重要性认知未变，但深刻体会到他的“异常”带来的诸多困扰。

帕菲特的人生有价值吗？答案无疑是肯定的；他过上了好生活吗？很大程度上是；但他幸福吗？我们可能会迟疑。因为他并不追求常人意义上的幸福，或许也不在意如此定义的幸福。他后半生全部投身于证明“客观道德真理存在”的事业，这也是本书副书名的由来——他视此为自己的人生使命，埃德蒙兹认为他是拿自己的人生做了一场豪赌，只是他赌赢了。

从传记中可以看出，帕菲特为人真诚却执拗，对完美有近乎病态的执着，常令合作者叫苦不迭。他对美学的极致要求使得《理由与人格》出版历经磨难，而对内容的无尽修改，又令《论重要之事》一再推迟。他对客观道德真理的信仰如此强烈，以至于将说服他人同意他这一观点视为自身生命价值的源泉——这也导致他不断陷入疲惫与自我怀疑之中。他的执着也导致他的大部分精力不是放在学术开拓上，而是放在澄清作品的表达与避免一些小错误上，而这些是其他不如他的哲学从业者就可完成的事情。在我看来，这实际上造成了他智力的浪费，也是围绕帕菲特的论文产业没有出现的最直接原因。

翻译尾声，宋学芳女士曾发来微信：“翻译传记就像陪着一个人走完他的一生，从出生到去世，竟然有点伤感。”对我而言，翻译这本传记的过程，恰是陪伴程炼老师走完人生最后半年的时光，自然不只是“有些伤感”。

两件事情的相伴而行，使得我不由自主地经常比较两人，发现他们有诸多共通之处。两人都极为真诚、都对学术一丝不苟。程老师坦言自己无法写出传世之作，便倾力培养能够写出传世之作的学生；他创办武汉大学现代哲学国际班，坚持只让他认可的教师授课，为此甚至一年亲授五六门课程。两人皆无惧死亡，惧的只是自己的事业未竟。程老师愿意承受各种痛苦坚持治疗，只为能再站上讲台，当他得知再无这种可能，便毅然放弃治疗。他在清醒时给我们的最后告别是：“不想说再见，但再见。”当然，两位让我印象最为深刻的是他们毫不妥协的执着。这种执着确实给他们带来了巨大的能量，但同时也给他们及其亲人造成了一定的伤害。而我学到的是，对于自己的学术理想甚至是幻想，要学会适度，学会适时地放下。

最后，我要感谢上海文艺出版社的肖海鸥编辑，正是她的果断与信任，让这本书得以问世。我还要特别感谢本书的责任编辑鲍夏挺先生，是他卓越的专业能力和严谨的态度，让这部译作有了可靠的保障。同时，还要感谢《思想》杂志总编辑钱永祥先生，在译稿最初阶段他就审阅过部分内容并提出了细致入微的修改意见；感谢我的学生，正在上海财经大学任教的陆鹏杰博士，他也参与了校译工作，减少了一些错误与表达上的问题。当然，最深的谢意留给我的妻子宋学芳女士。多年来她一直在背后默默支持我，让我得以安心地投身学术相关工作；这次她更是直接参与翻译，给予我巨大支持。尽管有许多人的帮助与支持，但这部译作中的一切疏漏与不足，依然由我一人承担。

葛四友
2025 年 4 月 10 日于
武汉大学振华楼

图书在版编目（CIP）数据

帕菲特 ：以拯救道德为使命的哲学家 / （英）大卫•埃德蒙兹著 ；译者葛四友，宋学芳译. -- 上海 ：上海文艺出版社，2025. --（艺文志）. -- ISBN 978-7-5321-9262-5

Ⅰ. K835.615.1

中国国家版本馆CIP数据核字第2025SZ8866号

出版统筹：肖海鸥
责任编辑：鲍夏挺
封面设计：甘信宇

书　　名：帕菲特 ：以拯救道德为使命的哲学家
作　　者：［英］大卫•埃德蒙兹
译　　者：葛四友　宋学芳
出　　版：上海世纪出版集团　上海文艺出版社
地　　址：上海市闵行区号景路159弄A座2楼 201101
发　　行：上海文艺出版社发行中心
　　　　　上海市闵行区号景路159弄A座2楼206室 201101 www.ewen.co
印　　刷：苏州市越洋印刷有限公司
开　　本：1240×890 1/32
印　　张：14.375
插　　页：10
字　　数：346,000
印　　次：2025年5月第1版 2025年5月第1次印刷
I S B N：978-7-5321-9262-5/K.502
定　　价：98.00元
告 读 者：如发现本书有质量问题请与印刷厂质量科联系 T：0512-68180628

10｜没有人会因为渴望得到什么而得到什么。

你声称对某件事有多少热情根本没有用，因为那并不意味着你就适合一份工作或者一段关系，也不意味着你能得到晋升或是买到房子，或是别的什么。

虽然人们倾向于把是否“有激情”作为判断一个人是否适岗的因素，但是最终得到工作的人是技术能力最强的人。双方都需要确信这段关系是“合适的”，工作最努力的人将获得晋升，信用评分最高的人将获得买房资格。一般来说，一个人经常表达他是多么渴望某件事，实际上正是因为他不合适、不胜任，或者条件不具备。

11｜创造美好生活的是行动，而不是要行动的想法。

如果你想让你的生活与众不同，那就去做与众不同的事。我们关于幸福生活的很多概念都很抽象：清晰思考，有积极的心态，和你喜欢的人在一起，工作有目标感。但是这些概念如果不变成现实，就没有任何意义。太多的人试图粉饰现实，仿佛他们可以说服自己这些粉饰都是真的。

另一种选择是工作。人们逃避的是实实在在、脚踏实地、埋头苦干的艰苦工作，因为他们不想对自己的失败负责。（如果你没有尝试，就不会失败，对吧？）

信心源于你所做的事情，积极的心态根植于你所做的事情，充满爱的关系要由你所做的事情来维系，有目标的工作需要你做的一件件事来实现，它们都不需要你去思考为什么你应该这样做（以及相信你应该这样做）。

12 | 激情是最容易走的捷径。

你斥巨资去做你喜欢的事，从此你就不能随意搬家、旅行，也不敢生孩子，因为你在接下来的三十年里会被债务压垮。这就是激情的代价。

和那个消耗你的人结婚，他的忽视和虐待会让你回想起你的童年。当他离开你的时候，你会心碎，甚至说服自己他是你的唯一，没有他你就活不下去。（除了真爱，你还会为别的事心碎吗？）当你们在一起的时候，你的世界完全以他为中心。于是你失去了朋友、工作和自我。这就是激情的代价。

或者更确切地说，这就是激情没有与理性结合的结果。当激情没有被理性和认知阻止时，人们感觉自己不受约束，就会做出这种事。当你一味相信自己的情绪，从不质疑它们产生的根源时，就会发生这种情况。当你试图逃避那些人类根本无法避免的痛苦时，就会产生一种情绪波动，并把它当作解药。

激情是通往你想要的生活的捷径，但它是一条会让你半途而废的捷径。激情和其他事物一样，只能停留在想法层面，而无法变成现实。

第41篇

在追求你想要的生活之前，你需要知道关于自己的一些事

正如卡尔·荣格曾经说过的："你的潜意识指引着你的人生，而你称其为命运。当潜意识呈现时，你的命运就被改写了。"谈到创造我们想要的生活，我们一直以来都被教导要从想象自己想要什么开始。我们关注头衔而不是自己要扮演的角色，关注远景而不是现实，关注大而空的概念而不是日复一日的工作、职责和实践。是时候打破西方人对自我的狂热，对"宏大人生"的迷恋了。只有打破这些，我们才能真正拥有我们想要的生活。关于自己，你必须了解以下几个问题，才能选择你真正想要的生活，而不是你认为你会过的生活。

你希望自己的短期规划是什么？

我们根据自己的想法选择我们想要的生活，但只有充分理解拥有一个头衔意味着什么之后，我们才有能力决定自己想要的生活。当你思考人生目标时，很多事听起来都华丽而高尚，但你必须考虑现实问题。当你开始实实在在地做日常生活规划时，你要考虑，你要做多少案头工作，每天工作多长时间，留出多少休闲时间，才能够真正地创造你理想中的生活。

你想成为什么样的人？（而不是你想要什么头衔。）

这不是让你选择你想要什么样的职场头衔，而是让你思考在做

这份工作的时候想要成为什么样的人。无论你是老师、学生、编辑还是建筑工人，这些头衔最终都无关紧要。重要的是你想在工作中成为什么样的人。你是一个善良、大度的人吗？会不会经常抽时间陪伴家人？还是会从早到晚一刻不停地忙碌？你是一个心不在焉的人吗？你细心吗？你工作努力吗？最终定义你的不是你做了什么，而是你怎么做。

你希望人们记住你的什么？

你想让他们在你的葬礼上说什么？说你身材保持得很好，事业有成，但没能好好维护人际关系？还是说你有爱心，善良，关心自己也关心他人？每天都应该想一想，人生无常，没有永恒：没有什么比记住这一点更能令人清醒和害怕，更能阻止人胡思乱想的。真正定义你人生的，是你在多大程度上影响了其他人的生活。这种影响往往来自你们的日常互动和你活出自我的勇气。这才是人们会记得的。当你不再定义自己的时候，你就会以这种方式为人所知。

对你来说最容易的事情是什么？

对于我们认为意义深刻的重要的事情，我们倾向于相信它们存在着某种困难——甚至这种困难就是我们自己制造出来的。如果我们热爱的事情，尤其是为之付出了努力的事情都是毫不费力就能做到的，这些事情好像就会变得毫无价值。弄清楚你能够毫不费力、自然而然地做些什么，并学会利用你的能力，不要假装轻松，只需要允许自己发挥力量。这样做出的事情同样很有价值，甚至会更有价值。

你（潜意识里）认为自己存在的意义是什么？

如果你相信命运由你自己选择，你就会自己选择。如果你不相信这一点，你将成为一个受害者，自怜，等待，祈祷，直到外部环境发生改变。要摆脱被动状态，必须先问问自己：你认为你是来做什么的？这一切的意义是什么？探索你内心最深处的信念，然后再决定你如何将自己的能力发挥到极致。

你为什么要做你每天都在做的事?

是为了追求成就感吗?为了钱吗?为了生存吗?这里没有正确或错误的答案。关键是要知道什么最能激励你。即使只是为了谋生,你也可以希望用更轻松的方式支付账单——让这样的希望成为你的动力,点燃你的激情。纯粹的生存需求通常是最基础的,也是最持久的欲望。如果这就是你做这件事的最终原因,不必愧疚,可以以此来激发你情绪、心理、精神上积极的一面。

在你的幻想中,你是谁?会做些什么?别人如何看待你?

你每天的幻想中反复出现的主题代表了你实际上想要从别人那里寻求的东西。这是你潜意识里的激励因素,代表着你还没有给予自己的东西。

无论那个东西是什么,都是你最缺乏的东西的投射,因此你才会下意识地向别人寻求。在你的幻想中,人们欣赏的是你的外表吗?还是你的创造力?你的才华?你的成功?你的财富?弄清楚你渴望什么,以及应该如何满足这种需求。

你最不喜欢别人的什么?

你最不喜欢别人的地方,在某种程度上,也正是你最不喜欢自己的地方,你只是还没有意识到而已。你讨厌的人其实就是你不喜欢的自己。我们会把自己不满意的缺点和行为隐藏起来,但又会把这部分特质投射到别人身上,借此指责别人。

所以,通过观察你最想改变别人的地方,可以找出你最需要治愈自己的地方。这样做会以一种你意想不到的方式解放你。要实现你想要的生活,做好这件事是必不可少的一个环节。如果你耗费大量精力试图逃避、迷惑、欺骗自己,不承认你需要疗愈、改变和面对,这不仅是一种精神内耗,甚至会进一步阻止你得到想要的生活。

什么样的苦值得忍受？

每件事在某种程度上都是艰难的。陷入一段错误的感情很苦，对的感情里同样也夹杂着苦涩。心碎和痛苦是苦的，实现梦想同样伴随着艰苦。站在人生的十字路口，茫然不知所措，这也是一种苦。一切都很苦，但你的苦是你自己选择的。你认为这份苦是有价值的。你不能选择是否要受苦，但你可以选择为了什么而受苦。

是什么主宰了你的生活？

是你对幸福的渴望吗？是过去吗？是一段接近成功但最终还是错失了的感情吗？是你的心理障碍？你的恐惧？你的寂寞？你缺失的自我价值？每个人都被自己某种近乎本能的东西支配着，驱动着，控制着。这是一种模式，其他一切都植根于此，而且这个问题还会反复突然出现。你拼命想逃离它，却发现自己一头撞上了它。你需要了解，你所做的大部分事情是由什么支配的，这不是让你从这些束缚中解脱出来，而是要你学会为了更伟大的目标去运用它们。我们无法逃避痛苦，只能接纳痛苦，而接纳就是最关键的改变。

— 第42篇 —

情绪健康的人会如何做

在我们倡导要关注的所有健康问题中，情绪健康可能被严重忽视了。（这和心理健康不是一回事。）

我们不忌讳谈论自己反复出现的头痛，因为这些身体的病痛不会影响我们的身份定位。但我们知道，我们的情绪是由我们是谁、我们是怎样的人决定的，我们会不顾一切地维护个人形象，因此我们只能隐藏真实的自己。讽刺的是，这就是问题所在：被我们压抑和忽视的那部分自我，变成了一个沉默、阴险，有着极强控制欲的怪物（这在心理学中被称为"阴影自我"）。

谈论一个人应该如何为人处事，那是关于情绪健康的另一个主题（完全展开的话可以写上好几本书），在这里，我只汇总情绪健康的人的十个特质。也许没有人能够全部达标，但这些事也值得我们思考（并且可以努力去实现）。

01 | 情绪健康的人知道如何倾听自己的痛苦。

情绪上的压力和不适是一个信号，表明有些东西是错位的。这种信号总是能指引我们朝着更好的方向前进，让我们更符合我们现在的身份和我们想要成为的样子。唯一的挑战就是克服那些让我们回避痛苦的心理因素。

02｜他们知道要客观地观察自己的想法，而不是认同它们。

你不是你的想法，不是你的感受。你是观察、反映、产生和体验这些想法与感受的个体。你不能控制它们，但也不能让它们控制你。你可以选择允许哪些想法被丢开。（注意，当你不能放手的时候，你就是在试图告诉自己或向自己揭示一些事情。）

03｜如果他们不喜欢别人的某些特质，他们也会在自己身上发现。

再说一次：你爱别人的方式，就是你爱自己的方式。你讨厌别人的地方，其实你自己身上也有。当你每次发现自己对某个人或他的行为感到莫名其妙地愤怒时，你可以练习在自己身上识别引起这种情绪的东西。这样你就能找到成长的最快路径，能够变得更平和，不再受他人行为的影响，也不会再被他们激怒。因为你不喜欢的那些特质，在你身上也存在。

04｜他们能够区分是真的喜爱一样东西还是为了喜爱而喜爱，他们不会只想自己想要什么，而是会思考自己为什么想要某样东西。

如果我们认为自己不值得被爱，我们就需要一个关爱我们、宠溺我们的伴侣，他会肯定我们的优点，纠正我们的错误想法。如果没有意识到我们是希望通过爱来修复自身的某些问题，我们就会以为自己只是迫切地想要爱，因为我们充满浪漫幻想，或者因为幸福的生活不能没有爱。但那些意识到自己为什么想要某样东西的人，他们做出选择不一定是为了解决自身的问题，而是基于更真实、更健康的欲望。

05 | 他们知道什么时候该和朋友分手。

“即使不快乐，感受不到幸福，也要维持一段关系”和“知道什么时候该远离那些在你生活中不再起积极作用的东西”，这两者之间的界限往往很难确定。我们总是被迫与那些我们并不觉得有义务维系感情的人保持亲密关系，这令我们无比困扰，也是导致我们痛苦的原因。一个人如果情绪健康，就能够识别出那些怀有恶意和嫉妒心强的人，以及那些过于沉浸在自我的世界，从不关心他人的人。这些人也需要爱和陪伴吗?当然。但有时离开他们是最好的做法。大多数时候，这是最健康的选择。

06 | 他们对物质生活要求不高，而且很务实。

情绪健康的人知道，任何物质上的获得都不能让自己有真正的和持久的喜悦。因此，他们放弃了激烈的竞争，学会安享简单的生活。他们不想奢侈也不会浪费，在自己的空间里只保留有意义和有用的东西。他们在消费、购物时很谨慎、很用心、很理智，并对自己已经拥有的东西充满感恩。

07 | 他们能够独处。

你在独处时能找到新的视角。如果有其他人在身边，你必须时刻注意自己的反应，谨慎地选择措辞；而当你独处时，你就可以让自己回归自然而然的状态。这就是独处最能让人放松的原因。情绪健康的人会经常独处。当周围没有别人需要你做情绪上的迎合时，你就可以充分释放自己的情绪。

08｜他们允许自己去感受。

每个情绪问题的核心都是认为这种情绪是不对的。情绪的存在并不是坏事，对它的抗拒才让我们陷入混乱。情绪健康的人远比其他人更懂得如何做好一件事：让自己感受体验到的一切。他们知道这不会杀死他们。他们知道要留出时间来处理。他们知道，与通常的观念相反，这样做并不是失去控制，而是胸有成竹，有足够的信心真正做到面对问题，解决问题。这才是人类所能做到的“一切尽在掌握”。

09｜他们不会执着地追求“好的”或“对的”结果。

当你判定一个结果是正确的时候，你也在判定另一个结果是错误的。有些事情会按照我们的意愿发展，有些则不然。这也是一份礼物。

10｜他们能看到每一次经历的价值和意义。

任何事情的意义不在于你做了之后得到了什么，而是经历了这些之后，你会变成什么样的人。归根结底，这都与成长有关。坏事会让你成长，好事也会让你成长。（实际上，“坏”往往只是你被教导或以为是“不对的”。）关键在于：你做对了多少事并不重要，重要的是你有了多少进步，每一次经历——好的、坏的、糟糕的、美好的、波折的、顺利的——都是如此。用乔安娜·德·西伦托（Johanna de Silento）的话说：“失败的唯一方法就是放弃比赛。”

第43篇

何谓美好生活

我们衡量“美好生活”的标准是现实发生的事情和我们的主观愿望有多么接近。实际上，衡量美好生活的标准是一种文化和社会观念，会随着时间的推移而不断改变。对我们来说，当下最重要的是什么能让我们活得有价值，比如我们的个人成就（在历史的其他时期曾经是对宗教的热忱、生儿育女等等）。

我们不是生来就信奉存在主义，只为自己谋私利，只追求眼前的享乐。事实上，我们会认为这是不健康的价值观。每一件事，包括最机械的日常工作，只有当它们最终能够体现出某种意义的时候，才会让我们乐于去做。

但无论如何，我们都要努力追求幸福，强化个性而不是群体性和整体性。在这个过程中，我们发现自己的激情并没有换来精彩的生活，我们反而感到空虚、压力和疲惫，心理也变得越来越扭曲。我们努力想要弄明白，为什么一切都不像我们想象的那样。没有人会在反思自己的生活后得出这样的结论：“是的，这完全符合我的理想。”关键是不要强行让现实与想法保持一致，也不要去操纵那些不可控的想法，让我们以为自己能掌控它们。

衡量美好生活的标准是基于我们的生存本能，对于性、幸福、名誉、认可和自我成长的关注。

动物不会考虑没有捕到猎物意味着什么。它们也不会考虑伴侣离开带来的心理伤害，更不会复盘和反省自己的生活，不会追求“更多”。它们没有渴望超越本能的内在要求。

动物不需要评估它们是否在过着“美好生活”，所以它们不会努力超越自己，而我们会。

可是我们被创造出来并不是为了超越自己。我们想要做得更多，并不是为了超越人类的本性，而是想要舒适地生活。渴望外在的“更多”是一种以自我为中心的机制。这不是超越，而是逃避。

衡量美好生活的标准是你想要改变它的程度，而这种改变的程度与你的内心知道它可以变得更好的程度成正比。

你们喝了多少杯咖啡，聊了多少有趣的、严肃的、悲伤的和美好的话题，你们的默契程度，你一个人散步的次数，你在日记里写下的散乱的想法，你对自己的存在进行的哲学思考有过怎样的演变，你看待他人的方式有何变化。

还有那些激情消失殆尽之后，你仍然在勤奋工作的日子。美好的生活不是充满激情，而是目标。

激情是点燃火焰的火花；目标是让火焰整夜燃烧的火种。

你有勇气结束一段关系吗？最简单的办法就是安于现状，而真正能让人安心的是主动去解决问题，那是对自我的解放，即使你无法想象前面会有什么，你仍然选择去追求探索。那种难以名状的感觉才是美好生活的标志。

衡量美好生活的标准是，每天早上真切地感觉到洒满床单的阳光是那样神圣又令人敬畏。你发现自己比以前更优秀了。你觉得未来自己变好的地方还会更多。

你失去了多少东西，才学会不再留恋？有多少时刻，你的能力几乎达到极限，但当你浮出水面时，却发现还有另一片海洋值得你去探索和争取？

美好的生活不在于你做了什么，而在于你是谁。不在于你爱过多少人，而在于爱得有多深。它与事情的结果有多好或计划的执行有多顺利无关。重要的不是那些事情有没有成功；重要的是你能从中学到什么。这些零碎的觉醒和认知，在给你添砖加瓦。美好的生活不在于最终结果如何，而在于你一路走来得到了什么启发。

— 第44篇 —

有一种声音是无言的，关键是你如何去倾听

你必须倾听的声音其实很少有什么具体的含义。它不使用文字，也没有逻辑。它很微妙，会在你不知不觉的时候对你说话。

你内心的声音给你的感觉是不合逻辑的。你也不必为它们寻找理由。你知道自己爱一个人不是因为他有魅力、聪明或有趣，而只是因为你爱他。你想住在某个地方或做一些事情，不是因为那样“很酷”或每个人都说你应该那样做，而只是因为你想那样做。

那些毫无理由的、不合逻辑的事情，那些无法解释的事情，就是魔力所在。这种“对”的东西就是对的。我们却因此而生出种种幻想和恐惧，还会强迫自己必须找出合理的解释，为它们赋予意义。

如果你要做一个选择，却必须找出一连串合理的解释之后才能感觉良好，那说明你没有真正倾听自己到底想要什么。

这可能是最大的秘密（也是最重要的事实）：如果你内心那个小小的声音告诉你，你对某件事其实没有兴趣；或者是在你看似“走错路”的时候，它却什么都没有说……那就听它的。

想想那些你不感兴趣的人；想想那些对你没有吸引力的职业道路。你会反复研究它们是否正确吗？不，你不会。你根本对它们不屑一顾。（爱的反义词是冷漠，对吧？）

让你痛苦的事情和让你快乐的事情没有什么区别——它们都是为了教会你一些东西。你把它们带入你的经历，因为你想从中学到东西。

幻想必须是合理的。半真半假的事情必须有意义。但真正的最好的东西，“最合适”的东西，都是不言自明的。别再为幻想找理由了，在这个过程中，你将重新熟悉那个无言的声音。

这也是你一开始会迷失的根本原因。

— 第45篇 —

还没找到合适的词语来描述的体验

01｜当阳光穿过树林时，光和叶子之间的相互作用。

02｜在一部你和你的朋友都看过的电视剧或电影中，你们互相分配角色，然后歇斯底里地嘲笑对方那个角色的行为。（02a.）你周围一定流行过这样的小游戏，根据某部影视剧中的角色来描绘你的社交圈成员。（想想《欲望都市》。）

03｜你和某个人肌肤相亲的感觉。

04｜那是一种短暂而美好的感觉——你决定要以某种简单、优雅的方式改变你的生活。（04a.）你坚信这会改变一切。

05｜我们无法理解自己不知道的事情——而这个事实，我们总是无法理解。

06｜一件事或许你听人讲了十几遍，但直到它成为你遇到的问题的答案，你才能最终理解它的含义。

07 | 沟通能力、智力和其他能力不符合生理年龄。

08 | 用惩罚、羞辱、责骂和压迫的方式教育孩子。

09 | 想要和某人有一次精神上的高潮体验。

10 | 为了维持一段关系，你必须伪装自己。

11 | 入睡前那种绝对平静的感觉。

12 | 我们不只是以为自己知道别人的想法和感受，还根据这种“知道”采取行动，进行判断。

13 | 整个身体轻盈的感觉。

14 | 你所知道的爱都是有期限的。

15 | 你知道什么是自己“命中注定”的爱。

16 | 那些既有趣又不刻薄的人。

17 | 那些既有深度又不消极的人。

18 | 当某人并不了解情况，只是因为他在脑海中臆想出来的事实对你发火时，你所感受到的委屈。

19 | 那些奇怪的、可怕的、尴尬的想法掠过你的脑海，有时会让你感到害怕，你觉得自己无比孤独，担心其他人如果知道你有这些想法会被吓到。

20 | 试图通过拼凑一堆随机的“证据”来弄清某人的意图。

21 | 那种被困住的感觉，你知道某些事情不太对头，但你又不知道有什么其他选择。

22 | 偶尔得出一些有把握的结论会给你带来安慰。

23 | 消除幻想后真正的平静。

24 | 意识到你的“目标”根本不是一个“目标”。因为你无论如何都会做这件事，“找到目标”这个行为最初只是一种自我管理机制。

25 | 除了在学校受教育的年限、所处的年级和教育阶段之外，我们如何定义自己生命的各个阶段以及个人发展。

26 | 雨滴之间的空隙。

27 | 这门课程不是传统学科，但它占据了我们生活的绝大部分：爱情、人际关系、信仰、育儿、工作、友谊、自我认知等等。

28 | 爱上一个你只是曾经认识的人，而且在某种程度上你觉得自己爱他很久了。

29 | 你吃了一顿大餐后幸福又疲惫的感觉。

30 | 回想起某件事的感觉，比它实际发生时要亲切得多。也许是因为你现在已不需要争取或超越，只欣赏它本来的样子就可以。

31 | 感觉一种感觉的感觉。

32 | 感觉像“家”的人或物（不需要房子的家）。

33 | “一切都是它应该有的样子。”

— 第46篇 —

你是怎么成为自己最大的敌人的（或许你还没意识到）

你被“与众不同”的幻觉洗脑了。你觉得你总是在和周围的人竞争，只有你比别人好，你才算优秀。你每天都要疯狂浏览社交媒体上的信息，以此来抑制你与外界联系的渴望。你一生都在等待，等待，等待一个人让你感受到爱。把一切都交给他，又在他表现不佳时谴责他。你相信只靠自己是不够的，相信这个世界上有什么东西会拯救你，能拯救你，也应该拯救你。

你相信结婚证意味着爱情、头衔意味着成功、宗教意味着善良、金钱意味着满足。你完全相信当权者，让他们教你如何被恐惧控制。

你不让自己有任何其他的感觉，除非别人说你可以有这种感觉。如果你的生活表面看起来很好，你绝不允许自己说内心的感觉不好。你只按照别人认可的方式做事。你生活中最重要的事就是让所有人都对你满意。你欺骗自己，以为那种麻木的安全感就是幸福。

你恨自己，因为你仍然在乎那个你不应该在乎的人。你感到很羞愧，直到你完全压抑自己的感受。你会花上几天、几个月、几年的时间查看他的状态更新和新上传的照片，你想寻找一些东西，任何可以证明你的感受的东西，而你本来只是想要消除这种感受。你想让自己死心，让理智和情感共存。你不想再付出爱和关注。

你谴责一些人，只是因为他们与生俱来的基因、行为或观念与你不同，却没有看到他们美好的一面，和你相同的一面——因为他们的环境条件与你迥异。

你从来没有意识到你受到了那么多制约。

你相信你的想法和情绪代表了你，而不是你的观察。你不曾意识到你在持续不断地与自己对话，不曾意识到你的想法中有三分之二并不是你自己的。你从不在意它们其实不会带给你满足和希望，不管怎样都会接受它们。

你总是会有选择地对人表现出善意，总要考虑谁值得，谁不值得。你会根据他人的特点和习惯，将其归类为可接受的和不可接受的。你不认为每个生命个体都值得被爱和尊重——这样做将让你永远都不会给自己同样的善意。

你主动成为自己最大的敌人，这样别人就不会成为你最大的敌人。你做最坏的打算，这样就没人能让你惊慌失措。你认为这叫面对现实。你接受别人认为你应得的生活，不相信自己真的能改变。你也不相信任何东西，除非你能立即感觉到和看到。你扼杀各种可能性，让自己保持暂时的快乐——就是那种来自他人的快乐，以及受到他人关注的快乐。你因为过去的经历产生自我厌恶，你虽活在当下，可依然沉浸在你的过去。

你任由别人控制你的情感，还管这叫坚强。你主动妥协，因为你害怕选择，还管这叫有智慧。你和别人对抗，这样你就不用面对自己。你总是在抵抗和拒绝，直到每个人、每件事都成为你的心魔，不断折磨着你。你从没有意识到这些都是因为你在被大脑支配。你从没有意识到，你一点一点地用自己从未选择过的东西，创造了你从未想要的生活。

— 第47篇 —

如果我们看到的是灵魂，而不是肉体

如果我们看到的是灵魂，而不是肉体，那么什么才是美丽的？

人们对你的第一印象是什么？你最怕他们看到什么？谁会给你留下深刻印象？你会爱上谁？

当你走过镜子时，你会调整什么？你想做什么工作？你的目标是什么？如果你存进银行的钱、穿在身上的衣服和印在名片上的头衔不再影响人们对你的印象，你会如何努力变得更好？

你会把时间花在健身房和商场，还是图书馆和电影院？你会让自己爱上谁？你喜欢什么类型的？高大、黝黑、英俊？还是富有创造力、善良、谦逊？

我们会崇拜谁？崇拜什么？我们的政府机构中有多少人适合当领导？我们会让谁出名？该为谁庆祝？

我们是否会重新调整我们的价值体系，优先考虑那些能真正带给我们平和与希望的事情，而不是仅仅看上去美好的东西？如果我们不必再把钱花在装饰自己、打造自己上，让其他人为我们的外表惊叹，那我们会用这些钱做什么呢？

我们如何定义成功？比一比谁地位最高，赚的钱最多？还是谁的成长最快，谁的光芒最闪亮？ 如果我们的首要任务是变得阳光，那世界会是什么样子？那样的人生旅程将会充满怎样的快乐和纯真？

如果我们能看到某些人并不是“坏”，而是……有难言之隐，如果我们能看到他们如何隐藏自己的痛苦，出于某些原因他们选择不再善待他人，那会怎么样？他们自己怎么会不知道这些问题的存在呢？

如果我们不再害怕与我们不同的人，那又会怎样？

如果我们意识到，我们的身体是渴望亲密接触的，而我们的行为因为一些错觉——认为自己是孤立的、有缺陷的、被排斥的、格格不入的——而表现出相反的一面，那又会怎样？

如果我们充分释放我们的欲望，发挥个性，那会怎样？如果我们意识到我们都来自同一个星球，意识到自己其实并没有那么与众不同，那又会怎样？

— 第48篇 —

你还没有得到想要的爱的16个原因

01｜你想等待别人去发掘、创造、激发，让你相信生命中有爱。

你经常被教导，有些事不能自己做，于是你希望别人来替你做。每当你以为、期盼、想象和希望别人能给你一些东西，梦想着有一天他们会满足你的心愿的时候，你都会因为他们没有做到而倍感烦恼和困扰，并意识到那些是你没有给予自己的东西。

02｜从历史上看，爱从来没有像你想象的那样发展，因为它从来都不会是我们以为的样子，也不会像我们以为的那样到来。

如果我们认定爱应该是什么样子，我们就会依恋一些东西，而这些东西往往只会消除我们的不安全感，让我们暂时逃避现实，或者帮助我们向别人证明自己。爱永远不会是我们想象的样子，因为它本来就不应该以某种特定的方式出现。因为它看起来不会给我们真正关于爱的体验，但对爱的追求会分散我们的注意力，让我们无法找到真正的爱。

03 | 你以为爱只是一种美好的感觉，而实际上爱是一种身体、思想和灵魂相交融的状态。

每天都要学习用细腻的、实在的、用心的方式去爱别人。你可能比较吸引人，比较好相处，这些都是变量，而我们选择爱和欣赏一个人，是看他恒定的品质（与之相反，你做不到这样，你坚信爱必须给你一些你无法给予自己的东西，这才导致了那么多分手和离婚）。

04 | 你没有意识到一个事实：爱只是一种放大。

爱会放大并清晰地呈现你生活中的一切。所以，如果你生活中最多的是自我怀疑、迷茫、不安全感等，你只会越来越多地感受到这些。爱不是你的生活；它是你分享生活的途径（也让你进一步看清自己）。

05 | 你相信爱会在合适的环境下“激发”，就好像你必须把两种会发生反应的化学物质放在一起，并认为瞬间的身体/情感反应等于一生不变的、真诚的爱。

荷尔蒙会被激发。欲望会被激发。爱可以因它们而生，但更有效的促进因素是彼此的理解、欣赏和尊重。

06 | 你总是试图让自己以某种社会普遍认同的实力吸引异性（或同性），而不是真正地发现自己是谁，然后吸引那些真正会欣赏你的人。

我很难过，有那么多的年轻女孩（男孩也一样）被教导要以某种方式展现自己，因为那样才会产生“吸引力”。笼统地认为所有人都会喜欢某种特质，并照此方向努力，这是非常愚蠢的。更可怕的是，它会让你掩盖真实的自我，因为你认为那个你不够“好”，不能得到大众的认可。

然后你会质问上天：为什么我找不到一个爱我本来样子的人？

07｜你不清楚自己想要什么，这是因为你还在试图完善和美化自我，取悦别人，给别人留下深刻印象，或者得到别人的认可。

换句话说，你无法诚实地说出你想成为什么样的人——因为你不喜欢真实的自己。

08｜你把责任推给别人，因为你没有意识到你的每一段关系其实都是和自我的关系。

爱并不糟糕。人也不糟糕。糟糕的是你。人与人的关系是终极的教学工具，是最好的疗愈机会，是让我们真正看到内心未解决的问题的绝佳机会。你还会遇到同样的问题，出现同样的错误，有同样的关系、同样的痛苦，因为这些问题一直都在你身上。

09｜同样，你也没有意识到负面情绪是在向你呼唤，要求得到疗愈，你不能因为不想再有“糟糕的感受”就抵制、压抑或忽视这些情绪。

我们的感受是我们与自己交流的方式。从本质上讲，疗愈就是重新看到美好，充满希望，保持平静，然后创造更多的爱。我们的“负面情绪”不是别人做错了什么的信号，而是在警告我们已经误入歧途，产生错觉，或是被过去的经历和恐惧所控制。

10｜你不知道如何同时运用你的心灵和大脑——心灵是地图，大脑是指南针。

有两种截然相反的说法：（1）听从自己的心，不必太理性思考；（2）当你选择共度一生的伴侣时，不要失去理性。如果你在使用这两样最重要的指路工具（心灵和大脑）时处于自相矛盾的状态（或者更糟，你根本没有意识到自己还有这两样工具），你就会彻底迷路。

列一个备忘清单：心灵会告诉你做什么，大脑会告诉你怎么做。让它们各自发挥自己的专业特长吧。

11｜你还需要尊重你心中的孩子。

如果你想知道自己到底是谁，就想象一下与还是孩子的自己交谈。你会说些什么，做些什么让他感到幸福？这能够反映出你真正需要给予自己什么，对那些寻求爱的人非常非常有帮助。听起来可能很奇怪，学着爱自己，就是学着赞美、尊重、爱和认可你心中的孩子，也就是你最本质的自我。

12｜你想用爱来改变你的生活。

你希望爱能提供你自认为无法给予自己的东西：稳定、安全、希望、幸福。只要你坚持这个信念，你就会把“爱”看作外在的东西，而现实情况是，你无法从外界看到、体验到并创造出你内心所没有的东西。

13｜你没有意识到你最爱别人的地方，恰恰就是你最爱自己的地方。

越是能够坦然接受自己的幸福，你就越能欣赏别人。当你治愈了自己的焦虑时，你就不会再责怪他人，也不会强迫别人来帮助你。爱一个人归根结底是能够看到你欣赏他的地方，因为那就是你欣赏自己的地方。

14｜你不仅认为别人有责任帮你解决问题，而且认为如果他们不这样做，那就是他们有问题。

所以你想要改变、纠正或谴责他们，因为他们亏欠了你。你想责怪他们不够好（你想把你对自己的真实感受强加给他们）。

15｜你忘记了善良，而善良是爱的基础。

我认为没有人会比那些真心相爱的人对彼此更残酷。他们在对方身上看到了太多的自我，以至于他们根本无法忍受，并以他们对抗自己的所有方式相互进行报复！一段幸福感情（还有生活）的基础是无条件的善良。它是爱的同义词，而且可能比爱更有效，因为它向你展示的是行动，而不是感受或期望。

16｜你总是在问题之外寻找答案。

现在和我一起重复十遍：你真正想要的爱是你对自己的爱。你在别人身上寻找的东西是你没有给予自己的。激怒你的是你没有被接受和被治愈的部分；给你幸福和希望的是你已经拥有的。想要找到一段感情，找到一个能与你分享一切的人，首先要从你自己开始。我们总是被教导要“先爱自己”，却从来没有人告诉我们，“爱自己”就是给自己那些你想让别人给你的东西。

— 第49篇 —

这一年如何（真正地）改变你的生活

人们想要改变自己的生活，想要改变人际关系、身体健康、收入、银行存款、社会地位、房产。我们很容易发现外在的问题，并将自己内心的感受归咎于它们。当我们更换新一年的日历的时候，我们觉得有了一个新的开始，翻开了新的一页。我们想当然地认为，不同的一年意味着一段不同的人生。

但是，我们是带着我们的包袱、负担、烦恼，还有我们的不安全感、渴望和心态，进入那闪烁着希望的新生活的。我们那些关于新一年的“决心”没有坚持下去，是因为我们没有改变外在，当然就无法期待内在会有所不同。

人们想要改变自己的生活，也想改变其他人的生活，想改变他们看到的种种不公正现象。他们想要改变这个令人失望的世界。

但他们不想改变自己。（不是他们的形象，不是外表，不是世俗意义的成功。他们不想改变的是自己。）

事实证明，这是他们可以改变的事，而且是必须首先改变的事。

我们有一种严重的错误观念，认为我们必须调整外在事物的现状，而不是调整我们自身的现状和我们看待事物的方式。这个世界就像一个布满镜子的大厅。与其试图打破这些镜子，扭曲你看到的画面，不如转变你对这些画面的看法。如果你以为自己看到的画面就是真实的存在，你要放弃这个想法。

那些折磨我们的事情以及随之而来的消极模式，以及我们必须年复一年下同样决心的原因，是我们没有做出改变，而且还试图改变其他事情。

当你开始改变自己的时候，你最终会实现一开始设定的目标——爱、满足感和“成功”。只是这一次，你的价值不再取决于“成功”。就算有一天你失去了这份成功，你也不是一个失败者。一切其实都源于自我。（人要征服的不是高山，而是他自己。）最滑稽、最奇妙也最可悲的是，这一点往往不为人所知。

所以你应该知道：当你的生活中出现问题时，你的思考、反应和应对方式也会出现问题。无论你觉得自己没有得到什么，都是你没有给予什么的投射。激怒你的，都是你不愿意在自己身上看到的东西。

所以当你觉得自己缺乏什么的时候，你必须先给予。感到压力大的时候，先把担子放下。如果你想要更多的认可，那就先认可别人。如果你想要被爱，就要先付出更多的爱。想要什么，就先给出什么。

如果你想放弃一些东西，那就去创造一些新的东西。如果你不明白，就去问。如果你不喜欢什么，就说出来。如果你想改变，就从小事做起。如果你想要什么，就提要求。如果你爱一个人，就告诉他（她）。如果你喜欢某样东西，就好好去感受它。

如果你强迫自己做某事，问问自己为什么。不要试图控制你的开支，改变你的饮食习惯，或者避开某个人，或者攻击你本来爱着的无辜的人。寻找给你带来这种感受的原因（不仅仅是感受本身），这样你才会真正解决这个问题。

如果你想念某人，就打电话给他。默默忍受是愚蠢的。不管别人是否认为你很重要，让他知道，他对你很重要，这是一件高尚而谦卑的事。

如果你的生活中失去了一些无法挽回的东西，那就重新构建。如果破碎的心无处安放，你终究还是无法复原。你想要摆脱的过去，总是会以某种形式杀个回马枪继续影响你。坚定地离开，重新开始。一定要有新的东西填补进来。你失去某个人，就像拔掉一颗牙齿，牙洞空着还会隐隐作痛。你要为自己创造一些新的美好的东西，真实的东西。

要想被理解，就先解释清楚。我们最需要的就是愿意友善、温和、完整、耐心地向别人做出解释的人。

如果你想要幸福，就选择幸福。选择有意识地、始终如一地感激某件事。选择让自己沉浸在美好、平静和幸福的事物中。如果你无法选择，那就去找出阻碍你的因素——是健康、环境还是心态。接受帮助。寻求帮助。如果只说自己不能选择，那就是彻底放弃。（不要这样做。）

选择改变——你的日常生活，你的工作，你的城市，你的习惯，你的心态。永远不要在挫折中坐以待毙。不管你是不是面临最糟糕的情况，抱怨、担心或消极对抗都不会有帮助。无论发生什么事，无论处于怎样的境地，都要向前走。

你所做的一切、所看到的一切、所感受到的一切，反映的不是你是谁，而是你是怎样的人。

你创造了你相信的。

你看到了你想要的。

你会得到你给予的。

第 50 篇

我们是如何被他人的价值观绑架的

人们会让会计师为他们规划生活蓝图。

会计师可以告诉你如何生活，在哪里生活。什么会升值，什么会带来损失。怎么购买节日礼物和投资孩子的教育最划算。我们衡量生活质量的标准不是我们做了什么或做了多少，而是我们在别人眼中的形象和我们获取的收入。

这件事不是我们的错。当今的主流文化以及我们在潜移默化中接受的观念都在告诉我们，如果我们拥有的财产还不能让我们感到激动和兴奋，那就说明我们还不够富足。

这种衡量标准只能用在物质生活的最初级层面上。你的银行账户余额末尾多加一个0，或者新买了各种各样的物品，只能改变你拥有的东西的数量，却无法代表你能多么深刻地发自内心地欣赏它们，感受它们，享受它们，因它们而幸福。

如果仅凭个人经验无法证明这一点，那么尽可以从众所周知的大量研究中寻找证明。

外在的收获不会带来内在的满足。

但我们还是会继续钻牛角尖。我们依然会被那些所谓的“有形资产”所奴役。我们仍然相信，外在的东西可以改变我们内在的感知，改变我们欣赏和感受的能力。

一旦我们开始相信，只有财富和地位能给我们带来满足感，我们就会变成转轮上的仓鼠，一不小心就会在那里度过余生。

我们似乎都受到了狄德罗效应（愈得愈不足效应）的影响。丹尼斯·狄德罗（Denis Diderot）是启蒙运动时期的一位法国哲学家，他写过一篇文章，《与旧睡袍别离之后的烦恼》（*Regrets On Parting With My Old Dressing Gown*）。据说他本来一直过着简单幸福的生活，直到一位朋友送给他一件礼物——一件华丽的猩红色睡袍。他在自己的小公寓里将这件衣服穿得越久，他那种简单的生活就越显得……不协调。

然后他就开始想要新家具，因为一个穿着这么漂亮的睡袍的人不应该住在简陋的家里。然后他又想换掉其他衣服、墙上挂的画，还有目之所及的各种东西。最终他负债累累，为了维持家中的奢华，他辛苦工作了一辈子——这是一项永无止境的任务。

现代的日常生活让我们不断地沉浸在广告和“成功故事”中，这些故事都在宣扬奢侈的生活，导致我们无法退后一步客观地审视这个体系。

我从来没有见过任何一位神祇像一张纸币那样被人崇拜和爱慕。最阴险的操控者从不会让你知道，你正在被他们控制。他们把你的需求设定为转轮，让你在上面不停奔跑，盯着虚幻的屏幕，以为你正在朝着最终目标前进。你看不到的是，在他们关住你的笼子后面，你拼命蹬着的转轮正源源不断地为他们的垄断提供能量。

由于这种已经被设置好倾向的集体心态，我们相信各种各样的“商品广告”，接受相关的教育，努力做一个“有用的人”，挣钱，变得有吸引力，勤奋工作，拥有一个好职位，买一栋房子，实现对未来的各种设想。

下次你再把学历等同于教育时，想想我们这个社会各个方面的现状吧——我们渴求的是知识，而教育带来的似乎只有“好处”。哪怕对学习没有兴趣，人们也要去努力获得学位。大家都相信只有得到学位，才算是完成了教育。

我们像发糖果一样颁发空洞的学位证书，这些学位所承诺的成功必须以高昂的、令人窒息的成本去获得。我们无视偏见和歧视，对它们一笑而过，因为这就是我们得到的教育，我们认为这是“正确的”。

我不是说教育没有价值。我认为这是唯一真正有价值的东西，而我们却没有真正把它带给大众。我梦想有一天，大学毕业生离开学校时不再认为他们的教育只是一部绑在腿上的助力器，让他们可以大半辈子在公司这台跑步机上不停地跑下去；我梦想我们的年轻人能够从教育中获得知识、文化、崭新视角和学习机会，知道是什么在推动他们一步步前进，知道如何客观地质疑一切，讨论每一件事情，选择他们想要的生活，而不是执着于别人为他们选择的生活。

无论是霍布斯、柏拉图、斯宾诺莎、休谟、洛克、尼采、乔布斯、温图尔、笛卡尔、贝多芬、扎克伯格、林肯、洛克菲勒、爱迪生、迪斯尼，还是其他那些改变游戏规则的头脑聪明的人，他们都不是学者。这些人的成功模式足以被归纳出一种趋势，让你不得不猜想他们取得（非凡的）成功的原因之一正是他们从不盲目相信一件事是“好”的。他们的想法从来没有按照别人的喜好进行过矫正和调整。他们从来不会为了拿高分而压制自己的真实想法，也不会用许多年时间汇总别人的观点并称之为“研究”。

柏拉图在《理想国》中讲了一个寓言：一群囚犯生活在洞穴中，手脚被捆住，无法转身，只能背对着洞口。他们面前是一堵墙，身后燃烧着一堆火，他们在墙上看到自己和事物的影子，认为这些影子是真实的。后来有人爬出了洞穴，才发现真正真实的世界。不管这是不是比喻，我们都需要明白，背后的火光才是最真实的教育，因为我们不必亲眼看到它就能理解它。我们只需要把我们感知到的幻象拼凑起来，就能理解我们身后的一切。

事实上，说到底，危险的不是我们自己的幻想，而是别人的幻想——尤其是我们不仅把他们的幻想当作我们生活中不可分割的一部分，而且还相信那些幻想是好的，完全不会怀疑，不会厌倦，无论我们的生活有多么令人不满意。

已经被别人接受的东西不会再让你产生新的思路。我们总认为“可接受”的就是“好”的，但实际上，“可接受”基本就是“允许别人控制你”。

我们的生命不需要用别人的价值观来衡量，不需要用他们的商业计划来给我们设定目标。我们也不需要符合他们的审美标准，按照他们的观念判断好坏、对错，以及每天应该做一个什么样的人。

这一代人的任务是在一个反主流思潮的社会中做到彻底接受自己。看清幻象的本质，尤其是对别人的幻觉。让善良的品质被推崇，让谦逊的品质被欣赏。懂得接纳现状，知道重新创造任何东西的唯一方法不是摧毁现有的，而是创造一个新的、更有效的模式，一个会代替过去的模式。

— 第51篇 —

如何放下对一个人的爱

经历失去后，会有两种结果：

你失去了一样东西，你用另一样东西来替代它，那比你失去的东西更好，让你更幸福；

你失去了一样东西，即使有其他东西替代它，它也不会消失，你对它始终难以忘怀。

有人说，那些你无法忘记的事情注定还会出现在你的脑海里——那是深爱一个人的必然结果：你紧紧抓住一个人，希望总有一天，那个人会属于你。

有人说，我们对那些失去的东西难以释怀，证明我们一开始有多爱它们，但我认为并不是这样。

守着回忆生活，并一直坚持着不忘记——这只是为了填补你生活中的某种空白或不安全感，也就是利用那些想念来修复你自己的某些情感。

我们喜欢心碎，也喜欢把它强加在自己身上。我们更怀念那些从未发生过的事情，而不是感激和珍惜已经发生的事情。我们开始想念我们从未拥有过的东西，只存在于脑海中的东西——在这个虚假的现实中创造出来的东西。

容易被替代的东西通常是那些你没有赋予其存在意义的东西，也就是说：它们的存在对你来说无足轻重。

那些永远留在你脑海里的东西，并不会告诉你什么是“命中注定”，而是会让你明白，有什么是你仍然无法接受的。

你知道无条件的爱是什么吗？无条件的爱是即使一个人并没有无条件地爱你，你也会无条件地去爱他。那是一种没有伪装的爱。我们宣称要追求它，却并没有理解其中的含义。

我们喜欢某个人，大部分原因是和他在一起让我们感到幸福。那些人际交往中所谓的类型和标准，只是证明了我们在寻找一个人来扮演某种角色。你心碎是因为某个人没有扮演好你赋予他的特定角色。有一天，他没有做你认为他应该做的事情，所以“他错了”。

一个朋友曾经告诉我，找到爱的秘诀不是去寻找它，而是治愈阻止你看到爱和接受爱的那部分创伤。我想最重要的问题是：“有了这份爱，我们会有什么改变？”

有这个人在我身边，会让我感觉好些吗？我需要他告诉我什么？我需要他证明什么？他对我的自我认知起到什么作用？

很多事情都是如此，不仅仅是爱：我们在满足自我认知的几秒钟、几天、几个月时间里所体验到的放松、幸福和自由，往往被我们误认为是真正的感情，真正的爱。

这就是为什么它不能持久。为什么我们总是会执着于过去，并思考未来会怎样。我们对某个人的想念中有太多关于我们自己的东西。我们越是留恋那个人，就越容易转移我们的注意力，最后留下的是经过提炼的回忆。我们把这些回忆当作维持生命的希望，我们把回忆拼凑在一起，集中放在一个人的身上——那个我们以为曾经深爱过的人。

一不小心，那个人就会成为你生命中无法抹去的一部分。

— 第52篇 —

为什么我们潜意识里喜欢给自己制造问题

我认为大多数人都能客观地看待自己的人生，意识到他们遇到的问题和频繁遭遇的痛苦其实都是自己造成的。我们喜欢给自己制造问题，并且我们一直都在这样做。

我们杞人忧天。我们安于现状。我们拒绝改变。我们放弃了选择的能力，而实际上，我们如何反应，何时改变，以及我们用什么来取悦自己，全都由我们自己决定。我们说："在这件事上我别无选择。"这是我们喜欢受虐的一种表现。

我们这么做是因为我们喜欢如此。给自己制造问题似乎……挺有趣的。也许是因为它给我们带来成就感和特别的体验（不管是什么样的体验），所以我们想要给自己制造问题。

因为我们制造了问题，所以我们能够解决问题。

我们在潜意识里知道自己会渡过难关，于是我们选择接受痛苦，只是为了体验那种"哇，我做到了，我证明了自己的力量"的感觉。我们先让事情变得困难，这样当我们成功克服困难的时候，自然感觉良好。我们受的苦越多，就越觉得自己有价值。

其实我们知道没有必要为任何事情焦虑或担心：如果有什么事情可以解决，那就解决它。如果不能，担心和焦虑也不会改变现状。在任何一种情况下，担心和焦虑都是无意义的。

但问题是我们喜欢担心和焦虑，所以我们会不停地去制造这种机会。它满足了我们被现代化剥夺的人性的一部分。

当一切都有了答案时，我们还能做什么？如果每件事都有一个解决方案，那还有什么值得担忧的，有什么值得努力的，有什么值得因为完成而兴奋的？

我认为，我们为自己制造问题是为了应对那些我们知道自己无法控制的问题。我们制造出的问题能够让我们在其他外部打击伤害我们之前，练习修复和应对。

当我们知道自己最终会有解决方案时，我们就会给自己制造问题，这样我们才能安心地（尽管很痛苦）应对它们。所以，关键不是不要为自己制造问题，而是要清楚地意识到真正的问题是什么，让自己得到治愈。

— 第53篇 —

为什么灵魂需要肉体

昨天我抄近路回家，穿过城市教堂后面的一片小墓地，我停下来，看着刻在墓碑上的名字和日期。有老兵、三岁的孩子，爱着他们的妻子、父亲、姐妹和兄弟，他们生命中那些不朽的片段都留在了这里。

我问自己：为什么灵魂需要肉体？

有什么是肉体能做而灵魂不能做的？为什么灵魂要栖身于一个临时的、沉重的、会受伤的东西？

我站在死于19世纪末的一对夫妇的墓地面前，看着他们最后安息的地方，彼此相隔十几厘米，我意识到：灵魂是无法触碰的。

灵魂也看不见光，因为它就是光。

它不知道什么叫肌肤相亲。它不能用手指抚摸别人的手、脖子和后背，无法感受到强烈的欲望和狂喜的激情。这些都是被我们称之为爱的疯狂症状。爱通常是冲动的、狂野的、躁动不安的。爱或可燃烧，或可持久，但二者不可共存。

灵魂无法体验开始或结束，也不能体验一系列不同的情感。它不会感到惊讶。它不知道身体和情感的温暖，不知道抱着一个新生婴儿亲吻他的额头是什么感觉，不知道把头埋在爱人胸前时会有怎样的悸动。

你的灵魂感觉不到你正捧起喜欢的书，抑扬顿挫地朗读书中的文字；感觉不到你阅读别人的故事的滋味；感觉不到你的手指在翻动那发黄的书页，感觉不到清新的书香，更感觉不到那是你最喜爱的一本书。

灵魂不知道秋天清爽舒适的凉意，也不知道夏天太阳炙烤着后背的炎热。它不知道当你伸出手指划过流水时那种畅然的感觉。它不能穿你最喜欢的T恤，不能吃饼干，不能出汗，不能呼吸，不能哭泣，不能跳舞。它不知道你的母亲或你的爱人伸出手臂搂住你是多么的温暖。

肉体创造了一切事物中最神奇的部分。一旦我们拥有了某样东西，我们就不再想要它了。我们真正想要的是创造、奋斗和实现。

灵魂不需要支付账单、购物、做饭、洗碗或安排周五的聚会。它不需要洗热水澡来放松、整理房间、去上班或边散步边思考。肉体是可以学习的。肉体能感受到认知的魔力。它可以把碎片信息拼凑起来，以便更好地理解。它可以迷失，也可以被“找到”。它可以承受痛苦，也可以痊愈。

如果我们日复一日做的那些事情其实不是为了让生活变得更好呢？如果我们只是单纯地想做呢？如果做这些事情并没有更伟大的意义呢？如果我们在那些微小时刻的感受——那些我们觉得琐碎而且没有意义的感受——其实就是意义本身呢？

如果疗愈只是接纳痛苦，那么也许活着就是接纳生命。

而真正的痛苦，无法逃避的痛苦，来自我们对眼前事物的逃避。它会一直跟着我们，纠缠我们，直到我们承认它并接纳它，即使它不会让我们快乐。即使我们根本不快乐。

我们不可能超越人性。那首先就是忽略了肉体的存在。我们可以选择幸福，但我们还是选择了各种各样的感受。我们不相信一切事物都是线性的，就像站在一条通往幸福的坦途上，能够清晰预见未来。片刻的感受不过是人生长轴上的一个点，一直持续的感受才是人生长轴所依附的存在。

第54篇

停下来的重要性：为什么我们迫切需要腾出时间什么都不做

只要一停下来，我们就会觉得自己无所作为，而无所作为就意味着失败。我们接受的教导就是要永不停歇地工作，并且相信无论在什么时候，如果我们没有做一些有助于实现目标的事情，我们就等于什么都没做。

有研究表明，我们是如此抗拒“什么都不做”。[①] 在弗吉尼亚大学的一项研究中，有700多人被要求坐在一间屋子里静静地思考6—15分钟，旁边有一个电击按钮，如果他们想要离开房间，可以按这个按钮。67%的男性和25%的女性宁可选择电击自己，也不想坐下来静静地思考一会儿。

然而从心理上来说，停下来是必须的。我们的身体无法支撑持续的运行，这样做会产生绝对的有害影响，而这还只是最轻微的影响。当我们以过度工作为荣时，我们就会失去真正的自我，在这个过程中，我们也就失去了真正的生活。

---

① 法里斯·萨马赖（Fariss Samarrai）：《研究表明，对大多数人来说，做点什么总比什么都不做要好》（*Doing Something Is Better Than Doing Nothing For Most People, Study Shows*），弗吉尼亚大学，2014年。

01 | 所谓的“无所事事”，实际上对我们至关重要，是保持幸福、平衡的生活方式的必要条件。

我们必须时刻忙碌着，这样的想法完全是被主流文化绑架了（是不健康的）。更需要注意的是，难道只有当我们所做的“事”可以被他人从外部衡量时，我们才会觉得自己是在做事吗？

02 | 即使“什么都不做”，大脑也在不停运转。

在静止状态下，神经网络可以处理体验，巩固记忆，加强学习，保持一定的注意力和稳定的情绪，从而使我们在日常工作中更富有成效。

03 | 我们不可能不断消耗能量，这会对我们要投入大量精力的事情——比如我们的工作——有巨大的影响。

托尼·施瓦茨在《纽约时报》发表的一篇关于生产力和休息的文章中引用了一项研究[①]，该研究证明，睡眠不足或无精打采是工作倦怠的最强警报。（他引用的另一项哈佛研究预计，睡眠不足每年给美国公司带来的生产力损失高达632亿美元。）

---

① 托尼·施瓦茨（Tony Schwartz）：《放松点！你会更有效率》（*Relax! You'll Be More Productive*），发表于《纽约时报》，2013年。

04 | 如果你不停下来反思、调整自己的感受，你就是在主动为这种感受提供更多能量。

斯蒂芬妮·布朗（Stephanie Brown）说："人们普遍相信，思考和感受会降低你的效率，对你造成妨碍，但事实恰恰相反……大多数心理治疗师认为，抑制负面情绪只会给负面情绪更大的力量，导致侵入性思维①的出现。为了躲避它们，人们又会让自己更加忙碌。"

05 | 在安静状态下，你的创造力会不断提高；当你远离手头的项目、任务或问题，用其他日常活动分散自己的注意力时，创造力就有机会被培养出来了。

无数的研究表明，那些始终具有超强创造力的人，那些能产生最具创新性和独特性的想法的人，是那些把自己从条条框框中解放出来，允许自己的思想游离的人，而不是只专注于眼前各种任务的人。爱因斯坦称之为"神圣的直觉思维"（他认为理性思维是直觉思维的"仆人"）。

06 | 分阶段地努力，更有可能真正实现你的目标，并且在这个过程中你会保持一种更健康、更快乐的生活方式。

如果大脑始终处于一种高度紧张的状态，就会产生压力，影响

---

① 侵入性思维（Intrusive Thoughts）是一种进入个体意识层面的想法，经常毫无预兆，内容怪异，令人担忧和困扰。大多数时候它们只是在脑海里一闪而过，但有些人会反复纠结于这些想法，产生强烈的痛苦情绪。

——编者注

身体健康，让思考能力下降。如果你忽视了同样重要的事情（你的健康、你的家庭、你的精神状态），就有可能达到身体承受的极限，不得不放弃你之前投入所有时间和精力的事情。

07｜停下来，能帮助你变得更专注（更能觉察当下的时刻）。

在安静的状态下做一些正念练习，有助于减轻压力，改善记忆，减少情绪反应，增强关系满意度、认知灵活性、同理心，减少焦虑和抑郁，提高整体生活质量，等等。

08｜停下来不是彻底放下你"应该做"的事情。"休息"或"离开"一段时间是非常有必要的。

蒂姆·克赖德尔认为："无所事事不是终日闲散，放纵自我；它对大脑来说就像维生素D对身体一样不可或缺，如果失去它，我们就会遭受像佝偻病一样的精神折磨……无所事事是给自己留出梳理情绪的时间，找回心灵的宁静，是从生活中后退一步，看到生活的全貌，能让你建立意想不到的连接，让你的灵感如同夏天的闪电般袭来——虽然听起来有些矛盾，但'无所事事'确实是完成任何工作的必要条件。"[①]

---

① 蒂姆·克赖德尔（Tim Kreider）：《"忙碌"陷阱》（*The 'Busy' Trap*），发表于《纽约时报》，2012年。

— 第55篇 —

从你的依恋风格分析，为什么你会在情感关系中挣扎

众所周知，我们的世界观大都是在童年时期形成的，人们成年后遇到的大多数问题都与生命早期的经历有关。这一点在恋爱关系中体现得最为明显。毕竟，它是我们的亲情纽带的延伸。我们是通过父母逐渐了解男人、女人以及他们如何互动的，许多人一生都在重建他们的第一段家庭关系，这往往会带来不利影响。以下是儿童时期会发展出的四种依恋类型。理解自己的依恋类型，能够帮助你停止在情感关系中继续挣扎下去。

安全型

如果你是一个安全型依恋的人，说明你父母中的一方或双方在你婴幼儿时期就能完全理解并满足你的需求。你学会了信任他人，很容易与他人接近，能够理智地处理人际关系。你不会对被拒绝做出过度反应，也不会担心被抛弃。

你在情感关系中挣扎，这很可能是因为你的自满。你愿意一直停留在错误的关系中，只是因为对方对你很好，你已经习惯了这种“好”。但是，当真正“对”的感情出现时，你会犹豫是否要给出

承诺，因为这涉及更多风险。你宁愿保持现在的状态，认为这样更舒适，这可能会阻止你实现心中真正的渴望。你需要做的是面对现实：爱令人胆怯，尤其是那种值得的爱。慢慢来，但不要选择轻松的捷径。

回避型

如果你是回避型依恋的人，可能是因为你的父母在情感上没有满足你，忽视了你的内心需求。你在很小的时候就变得成熟懂事，一直避免（现在仍然避免）表达痛苦或寻求帮助（尤其是对父母/照顾者）。你高度重视自己的独立性，几乎到了扭曲的程度。你很独立，一个人的时候感觉最舒服。你的父母可能会因为你没有表现得很“开心”而惩罚你，至少曾因为你哭泣或以其他任何让他们感到不适的方式表达感受而责骂你。这可能会导致你的亲密关系出现问题，因为你很难在别人面前做完整的自己。

你在情感关系中挣扎，那是因为你在成长过程中形成的自卑，让你时刻处在自我怀疑的焦虑和矛盾中。你无法敞开心扉，总是担心自己被拒绝或不再被爱，因为你在很小的时候就知道表达真实的感受是危险的。你可能会过度包容别人的缺点，但绝对不能容忍自己的任何缺点。你需要做的是练习表达真实的自我（也许可以从朋友开始），看看你会不会因为做自己而被否定。一旦你对别人建立起一种更加信任的态度，亲密关系就会变得越来越和谐。

焦虑型

如果你是焦虑型依恋的人，那是因为童年时你的父母对你采取了不一致的养育方式和态度。有时你会得到细致的照顾和爱，但有时他们又会忽视你，或者对你漠不关心。

你可能会充满不确定感和对未知的恐惧，因为你永远不知道别人会以何种方式对待你。你很难相信别人，但与此同时，你又很容易过度依恋和黏人。你总是害怕被抛弃，这种恐惧让你患得患失，充满掌控欲，所以你只想死死抓住一个人，让对方倍感压力。

你在情感关系中挣扎，那是因为你花了太多时间想要读懂对方的心思，做出各种假设、预测，以此来努力“保护”自己免遭痛苦，或者你因为害怕找不到更好的恋人而拒绝放手。如果想让你的亲密关系得到改善，你需要意识到自己的焦虑和紧迫感。你需要重新集中注意力，把现实和恐惧区分开来，让自己和值得信赖、充满爱的人在一起。

混乱型

如果你在童年时期形成了一种混乱无序的依恋关系，那是因为你的父母或照顾者虐待你、恐吓你，甚至威胁到你的生命。你想逃跑，但你的生存却依赖于那些伤害你最深的人。你可能要到成年后才能完全摆脱这种依赖。你的依恋状态是你痛苦的主要来源，为了生存，你被迫开始与自己划清界限。

你在情感关系中挣扎，那是因为你还没有学会倾听自己的情绪。你没有选择自己真正喜欢的伴侣，忽视了你的直觉，因为你在成长过程中被迫不能相信自己。你很痛苦，但如果你想活下去，你只能回避痛苦，说服自己一切都很好。为了摆脱这种处境，你需要做心理/情绪调节，包括回忆你过去的创伤，写下你人生中的种种遭遇。你需要与你的内心引导系统重新建立连接，并学会信任它，而不是只听从你的想法。

— 第56篇 —

被抑制的情绪又出现在你生活中的16种迹象

抑制情绪是最无效的情绪调节策略，但又是最常见的应对技巧。抑制情绪就是忽略你的感受，或者通过相信它们是“错的”来否定它们。这很危险，因为你的情绪是来保护你的，它不会单独出现，如果你抑制一种情绪，那么你其他的感受也会变得麻木。

1988年，丹尼尔·温格进行过一项开创性的研究，揭示了抑制情绪的潜在危害有多大。[①]他的研究结果证实了“思想压制的反弹效应”（rebound effect of thought suppression）。在他的试验中，参与者被分为两组，一组被要求不能去想白熊；另一组想什么都可以（包括白熊）。结果被要求不能去想白熊的那一组比另一组更多地想到了白熊。有没有听过这种说法：“我们抗拒的东西只会持续存在”。

简单地说：你无法回避你的情绪。你不能拒绝、否定和抑制它们。你只能试着忽略它们，但它们比你的意识、思维力量更强大，因此会以许多其他的方式让你感受到它们。

---

① 丹尼尔·温格（Daniel Wenger）:《压制白熊》(*Suppressing the White Bears*)，发表于《人格与社会心理学杂志》(*Journal of Personality and Social Psychology*)，第1期，第53卷，1987年。

以下是被抑制的情绪在生活中重新出现的几种方式和迹象，你可能正在面临这些情况。

01 | 你的自我认知是两极化的：你要么认为自己是世界上最伟大的人，要么认为自己是毫无价值的垃圾，几乎没有中间地带。

02 | 你一想到要去一个社交场合就会变得很焦虑，因为你觉得不能只是表现出你本来的样子，你必须好好“表演”，否则在场的人就会对你指指点点。

03 | 你总是小题大做。同事的一句负面评价就会让你彻底否定自己，与伴侣的一次争吵会导致你重新思考你们的关系，等等。

04 | 你存在的价值来自和他人的比较。你觉得自己的吸引力取决于你比其他人更有吸引力，或者比房间里最具吸引力的人更有吸引力，以此类推。

05 | 你不能容忍犯错，因为你认为犯错会被人看不起。

06 | 你会因为一些无关紧要的小事爆发前所未有的愤怒。

07 | 你不停地抱怨——抱怨那些根本不值得抱怨的事情。（这是潜意识中的一种欲望——你想让别人看到和承认你的痛苦。）

08 | 你总是优柔寡断。你不相信自己一开始的想法、观点和选择就是“好的”和“对的”，所以你总是反复思量。

09 | 你喜欢拖延，这说明你经常处于一种对自己感到“不安”的状态。（你不能轻易地进入心流状态，这也是抑制情绪的后果。）

10 | 你只想保持优越感，而不愿与人建立连接。

11 | 当你认识的人成功时，你的第一反应是找出他们的缺点，而不是表达赞赏和认可。

12 | 你结束一段关系的原因总是很类似，你也总是对类似的事情感到焦虑，即使你认为时间会减弱这些情绪反应，但相同的情绪模式依然存在。

13 | 你认为有些人应该对你的痛苦、你的失败或者你的错误选择负责，你怨恨那些人。

14 | 你觉得自己好像无法对一个人真正敞开心扉。

15 | 你有“聚光灯情结”，觉得每个人都在看着你，都在关注你的生活。（他们没有，绝对没有。）

16 | 你害怕前进，即使你想要前进。你可能已经在精神上准备好继续前进了，但在你完全处理好伴随而来的各种情绪之前，你会一直停留在原地。

— 第57篇 —

50个人谈他们有生以来最自由的想法

你的人生在一连串的启示中展开。

你放下书本，目视前方，在脑海中一遍又一遍地重复这句话，把它用到每一件令你困惑的小事上，你会回答你自己都不知道自己在问的问题，那是你多年前留下的问题。

我认为，当你处于别无选择的境地，只能去寻求生活的真相时，你才会开始改变你的生活。生活安逸的人不需要一直探索、研究和寻找。他们不会成长，因为他们不需要。（关于人类，可悲但重要的事实是，如果没有感到不舒适，他们就不会改变。）

我的成功与我的痛苦成正比。这是我亲身经历过的，所以我得出上述结论。

在这一点上，我最开放的想法是，我改变不了任何事情。我生命中经历的一切事都是为我而发生的，哪怕是那些最黑暗、最糟糕、最可怕、最具毁灭力量的经历。是它们的共同作用让我成为今天的样子。

我想收集一系列最具开拓性的想法，也是改变、塑造了我的启示。下面是49个陌生人分享的他们的想法（还有一个是我的）。希望这些想法能够引起你的共鸣。

01 | “我可以选择我的想法。”

02 | “我不需要因为和别人意见不一致而向他们道歉。”

03 | “你可以拥有你想要的一切，只是不能同时拥有。如果你认为这是不幸的，那么想一想，如果你同时拥有一切，那你就不会真正体验和彻底享受它们了。”

04 | “你可以选择你的家庭。你可以选择你的宗教。你可以选择每天成为什么样的自己，不必和昨天一样，也不必成为让别人接受或满意的人。”

05 | “我的生活不能定义我，我定义我的生活。这一刻不是我的生活，这只是我生活中的一个时刻。”

06 | “我所感知到的一切都是我自己的投射。如果我想改变我的生活，我要先改变我自己。”

07 | “我不必接受任何东西。我不需要改变一切。”

08 | “自由是一种精神状态。”

09 | “没有什么是你可以永远拥有的，但如果你忙于留住它们，而不是在拥有它们时去爱它们，那么有许多事情你将会无缘经历。”

10 | “除了浪漫的爱情，还有许多种爱值得追求。除了幸福，还有很多体验值得拥有。任何不符合理想的事都不代表失败。这就是生活。”

11 | “我是一个有价值的人。我值得拥有幸福。我应该善待自己。我值得被爱。”

12 | “我会克服眼前的困难，就像克服其他我认为自己永远无法克服的困难一样。在我看来，这是最令人欣慰的想法：把你正在经历的和你曾经经历的做对比，你就知道你有能力渡过难关。”

13 | “你不记得岁月，你只记得瞬间。”

14 | “除了我自己，我不应该成为任何人。”

15 | “没有什么是永恒的，即使是最糟糕的感觉。”

16 | “我可以改变自己的体验，只要我决定换个角度看问题。我可能无法控制周围发生的事和我自己身上发生的事，但我能控制自己如何看待它们，如何反应，如何采取行动。说到底，这就是我的责任。”

17 | “没有人会因为世界将失去一张漂亮的面孔而在葬礼上哭泣。他们哭泣是因为这个世界少了一颗心，一个灵魂，一个人。不要等到为时已晚，才去关注真正重要的事情。”

18 | “人们不会在拿你和其他人进行比较后爱上你。那些最漂亮、最苗条、最富有的人往往不是最受爱戴的人！他们没有最好的人生！每次我开始担心自己的外表，而不是我本身的时候，我就要提醒自己这一点。”

19 | “当下就是一切。你要活在当下，这句话早就是老生常谈了，但你真的没有其他选择。问题在于你是否真正在关注当下。”

20 | “渡过任何难关的方法都是接受这样一个事实：无论发生什么，都是有原因的；无论留下什么，都是有原因的；无论受到什么样的伤害，都是有原因的。忽视或对抗结果并不能解决原因。”

21 | “你关注的东西会不断扩展。”

22 | “这些都会过去的。”

23 | “我总是在必须要行动的时候就行动。我从来不会花太多精力去想那些命中注定的事。我只需要对它们持开放态度。”

24 | “我所经历的塑造了现在的我；我所经历的成就了今天的我。我现在选择把精力投入到什么事情上，就会成为什么样的人。这是由我决定的，不是由我所处的环境决定的。”

25 | “永远不要忘记，不是你在这个世界上，是世界在你心里。无论你经历过什么，把这份经历放进心里。所有的创造，存在于有形世界的万事万物，都是隐蔽的东西转换成彰显的东西的结果。

你的灵魂在代谢你的经历，就像你的身体在代谢食物一样。（这是迪帕克·乔普拉[①]的名言。）”

26 | “总会有一条路……即使是在你最不需要的时候。总会有办法的。总会有新的工作，新的想法。总会有航班在一个小时之内起飞，飞往我一直想去的地方。总有办法赚到钱，找到工作，遇到爱……总有办法的！我从来没有被困住，这就是我的心态。”

27 | “生命中没有什么伟大的时刻。你不会突然醒悟过来，大喊一声：‘啊！我成功了！’幸福在于细节和过程。过去是，将来也是。”

28 | “活着的目的是成长。成长意味着能够经历更多，因为你拓展了见识。那么，活着的目的就是拓展见识。”

29 | “发生在我身上的最糟糕的事情教会了我其他任何事情都无法教给我的东西，让我为如此美好的事情做好准备。那些事是我根本想象不到的，更别提为它们做好准备了。”

30 | “只要没有停止尝试，你就没有失败。”

---

① 迪帕克·乔普拉（Deepak Chopra），作家，人体潜能研究者，代表作为《生命的七大精神法则》（*The Seven Spiritual Laws of Success*）。

——译者注

31 | “帮助别人的时候，我没有必要把他们的问题当作自己的问题。”

32 | “不是只有得到所有人的爱才能证明你值得被爱。”

33 | “现在是你唯一的时刻。如果你不开始生活在其中，你就不是真正在生活。”

34 | “别人怎么对你，都是你教的。在生活中，你得到的是你有勇气去争取的事情。”

35 | “我一生中唯一的遗憾，就是我没有更多地享受生活。”

36 | “我命中注定要拥有的东西会自然而然地来到我身边。我要做的就是确保我准备好了。”

37 | “任何事都不要太当真，反正没有人活着离开这个世界。”

38 | “我无法改变周围的一切。真正的改变是一点一点发生的，每个人都在做他们唯一能做的事情：看看自己可以改进的地方，而不是指责别人的不公正。”

39 | “智慧就是知道你不知道并且永远不可能知道所有的事情。我们曾经认为地球是平的，一个发现改变了这一点。你不知道我们是否会在某种数据模拟中发现自己都是机器人，我也不知道……”

40 | “有一次我为自己买了一张火车票，自费去旅行，我意识到我可以养活自己，我不需要迎合或取悦任何人。我努力工作是为了过上我想要的生活。”

41 | “我是永恒的。人们总是说：如果你能长生不老，你会做什么？好吧，我在这里想说：如果你相信灵魂是永恒的，你可以……你现在要用它做什么？”

42 | “即使你放弃了信仰、希望和爱，它们也不会离开你。”

43 | “我是由爱和光组成的。这就是我的本质。其他的一切都与我无关。我不需要转换角色……我是爱和光，我会选择是否记得这一点，如果我因为恐惧而退缩，这也是我自己的决定。”

44 | “当你走进图书馆时，世界上所有的知识都在你面前。当你每天醒来的时候，世界上所有的可能性也都醒来了。”

45 | “我和改变一切之间只差一个选择。”

46 | “如果我选择不难过，不去花时间感受某种体验，那么我就不会感到难过。如果我不感到难过，那么我就不会受到伤害。马可·奥勒留也说过类似的话，但我更喜欢用我自己的话来说。”

47 | “小细节中蕴含着无限的幸福。一本好书，新鲜的蔬菜，温暖的床，爱人的怀抱，在我们这个扭曲的世界里，这些东西很少被重视，但最终，它们可能是我们拥有的最大的乐趣。”

48 | “我们对待生活太认真了……几百年后，大多数人都会完全被遗忘。这并不令人沮丧，而是一种解放。尽你所能让一切变得更好。付出爱，做你真正想做的事。既然一切都不会那么重要，现在就把它们当作重要的事吧。”

49 | “我不必成为别人眼中的我。我不必假设他们最了解我。”

50 | “你会好起来的。不是因为我这么说就会好起来，而是因为‘好起来’是我们最终的结局，即使我们这一路都搞砸了。”（这是谢丽尔·斯特雷德[1]的原话。）

---

① 谢丽尔·斯特雷德（Cheryl Strayed），演员、编剧、制作人，代表作为《走出荒野》（*Wild*）。

——译者注

— 第58篇 —

你才20多岁，从头开始还不晚

我知道，你的20多岁似乎就是一次建设——一个获取更多和更好的大工程。但你20多岁的时候也在学会遗忘。放弃不冷不热的感情和你没有能力做的工作，忘掉已经和你分道扬镳的朋友，抛开那些被你一直依赖的、限制你的想法。你要为真正的生活腾出空间。

大多数人在20多岁的时候都会失足跌倒，他们早就预料到了这一天——而幸福也会随之而来。最不幸福的人往往是那些拥有豪华的住所，有很多朋友，在他们感兴趣的领域有一份理想工作的人，因为他们把所有时间都用来打造自己的身份，而不是学习如何去感受。

20多岁也是要打破许多习惯的时候。做新的选择。做不一样的决定。摆脱那些模糊了自我认知的概念。这些行动会引领你进入美丽的未知世界。你正在成为余生你最想成为的那个人。你打算如何投入地生活？你会不会对未来感到害怕？你还要放任你内心的恶魔控制你多少年？

你刚刚20多岁，从头开始还不晚。

实际上，我希望你一直都能从头开始。不是要你自断后路、放弃所有或封闭自己，而是要你不再因为自己没有的东西感到恐慌。我希望你把下午的空闲时间用来学习你需要的技能，以便有一天能得到你想要的工作。我希望你能认识到，你不应该再像个高中生那样，也不该再想要和那时一样的东西。我希望你能问问自己："我现在想要什么？"我希望你明白，只有一种方法可以指引你的生活，那就是始终专注于正确的下一步。

那些不幸福的人不是因为所处的环境而烦恼。他们烦恼是因为他们把自己的权力交给了外界。他们认为自己要去寻找对的人，而不是让自己能够吸引和选择对的人。他们认为合适的工作也要去寻找，而不是磨炼自己的技能，让合适的公司来找他们。

如果你想真正重新开始，就把你所有关于如何让人生变得圆满的想法都清除掉。不要预测、假设、揣度别人的心思。不要只在想象中进行激情宣讲。不要只考虑做什么才有意义。想一想做什么感觉是对的。不要听从你的冲动、你的懒惰和你的恐惧，也许正是这些东西带你走到了今天。听听埋藏在它们下面的更深一层那个更坚决的声音，它会告诉你该走哪条路。你只需要安静下来，倾听，然后行动。

学会过你自己的生活，而不是光坐在那里思考。你不能通过反思自己进入一个新的阶段，过度思考会让你变得麻木。在你的内心深处，如果你知道你必须从头开始，那就不是你要不要行动的问题，而是你现在就开始还是以后再说。

第59篇

你坚持的17个生活理念，其实只会阻碍你

01 | 只要工作够努力，就一定能成功。大多数人都无法按照他们最初设定的方式“成功”。与其朝着一个最终目标努力，不如享受实现目标的过程。无论成功是机遇还是命运的产物，你所能控制的只是你付出多少努力（而不是得到什么）。

02 | 只要渴望得到某样东西，就能够拥有它。没有人会因为渴望得到什么而得到什么。你必须有足够的动力，做出牺牲，努力工作，争取资格，在无数拒绝和怀疑中毫不气馁，只要还没达到目的，就不断做出改进，重新再来。

03 | 无论发生什么事，你都会是例外。你不必涂防晒霜，不用存钱，也不必担心你的退休计划，不必尊重他人，因为你的情况和别人不同。

04 | 在你的心目中，你是个名人——每个人都在关注你，对你的选择做出评判。“聚光灯情结”无疑与社交媒体的普及有关，实际上没有人会像你看待自己那样看待你，对你那么在意。没有人会关

心你今天穿的衬衫好不好看。没有人会真正关心你的生活，所以没有必要为了别人的想法去做选择。

05 | 如果你做的事情是正确的，立刻就能得到好结果。就算是你做对了某件事，让你满意的结果也需要很长时间的积累才能慢慢呈现。

06 | “忙碌”是一件好事。当人们没有能力管理自己的压力时，就会变得很忙。而真正有很多事情要做的人只会专注于把事情做完，因为他们没有其他选择。

07 | 你需要“对的时机”。对于结婚、生子，或者开始追求你想要的生活，你都抱持这种态度。如果你在找借口解释为什么时机不对，你总能找到。

08 | 成年人的生活是“艰难的”。生活中有许多充满挑战、令人崩溃和难以应对的事情，但发挥作用的并不是这些事。

09 | 你的目标必须具有深远的意义。你的目标就在你面前，就是做好手头的工作。完成这个目标不需要先去改变世界。

10 | 只要足够努力，每个人都可以有一份自己喜欢的工作。每个人都能找到享受工作的方法——尽管任何工作都会带来不可避免的挑战——但是谁也没有资格只做又符合自己兴趣，又舒舒服服的工作。

11 | 你不必为无意中做的事负责。无意中伤害别人的感情，并不会真正伤害他们；你没有意识到正在浪费时间，那就不算是浪费；把钱花在必需品上，就不算是花钱。总而言之，如果你没有意识到某件事的后果，那件事就和你没关系。

12 | 你的伴侣有责任带给你一种特别的感觉。你用这种感觉来判断你们的关系够不够“好”，是否值得。

13 | 要接受某样东西，你必须因为它而感到幸福，或者至少愿意接受它。你可以接受你的环境（承认它是现实），但依然非常不喜欢它。你不必喜欢所有的东西，你必须先接受生活中出现的一切，然后才能改变它们。

14 | 人们总是在回想你五年前做的那些蠢事。大家都和你一样，正忙着思考自己的事情。（你有没有总是想着其他人这么多年来做过的事情？应该不可能吧！）

15 | 你必须永远“正确”，才能算一个聪明的人。实际上，最聪明的人比任何人都更容易犯错（这是他们学习的方式）。无论如何，你都不需要一直保持正确，也不需要极其聪明，或者非常美丽、有趣、可爱……

16 | 你在和自己交战。你总是说“我是一个焦虑的人”而不是“我有时会感到焦虑”。你把问题当成了自己，这可能是你无法解决问题的一个重要原因。

17 | 只有在条件允许的情况下，你才能感到幸福。只有当你选择关注积极的事情，协调和解决消极的问题，建立有意义的关系，认可自己时，你才会感到幸福。你不能选择一种感受，但你始终可以选择你的想法。拒绝这样做就是彻底屈服于现状，你就永远不会真正感到幸福。

第60篇

如何让自己值得拥有想要的生活

我们习惯于相信幸福是有限的。

从很小的时候开始，我们就在相互竞争。这种心态体现在我们的日常互动中。我们从小就被教导，这个世界有赢家，也有输家。有些人成功了，有些人没有，而你必须成为成功的人。职位只有那么多，成功的机会只有那么多，让你过上理想生活的机会只有那么多，现实中的成功选项只有那么多，你只能加入竞争，为限量版的生活而奋斗。

我们习惯于认为幸福和成功是别人赐予我们的——老板给我们工作，爱人对我们承诺“永远”。难怪我们总是有失控的感觉。难怪我们会因为我们自以为想要的东西而遭受如此之多的痛苦。

“永不满足”是一件很可怕的事。它让你一直处于一种“一无所有”的状态。它使美好的事物远离我们。只有当你不再渴求的时候，你才会得到你最想要的东西。当你将你的心态和感觉转变为“珍惜已拥有”时，你就会自然而然地创造和吸引那些符合你的期望的事物。接受才是富足的根源。

你真正想要的东西很少需要苦思冥想。给它们贴上标签，赋予概念，其实是为了打造你自己的形象。当我们的想法与生存需求不符时，我们就会受到牵制，那时我们即使有想要的东西，也仍然会执着于旧的想法。

你要找到放弃那些旧想法的方法。这些事情没人会教你。

这也是你让自己走出别人为你构建的生活的方法，是你推翻旧观念，开始创造新观念的方法。这都是你需要知道的事情，这样你才能成为一个值得拥有你真正想要的生活的人，而不是过着别人想让你过的生活。

赚钱有很多办法，但如果别人不爱你，你没办法让他们爱你。创造你想要的每一刻和生活中的每一天，和喜欢的人在一起，从做好一份工作，洗干净一大堆衣服、碗盘和缴纳一个月的房租、电费账单开始。

在成年人眼里，这些事代表着自由。你只有一个简单纯粹的信念——没有什么比你内心的平静更重要。

如果你必须分手，就分手吧。一个人没有理由和不爱自己或不接受自己的人在一起。生存的方法总是有的。你会找到新的工作，开始加班，你也会租到新的房子或者找到好的室友合租。但这些都是留给更看重内心的幸福感而不是眼前便利的人，是留给值得拥有它们的人的。他们知道自己值得拥有一个空间、一个房间、一个家或住所，在那里，他们可以决定自己的生活中什么是可接受的，什么是不可接受的。

你不会总是幸福、笃定和安稳。如果是的话，你就不会有那么多挣扎。超越痛苦的方法只有一个：允许自己痛苦。挣扎是因为你试图逃离，而痛苦是无法逃离的。

不是你生命中的每一秒都必须被填满。紧凑的日程不代表成功。为工作而生活与为生活而工作完全不是同等的生活质量，但它们都是重要的。

你最深刻的启示来自你的独处时刻。如果没有孤独、空虚和灵感枯竭的时刻，你就不会迸发出奇妙的想法和创意。过程和结果一样重要。如果没有留白，一件艺术品就失去了焦点。

时间并不是我们认为的那样，是线性的，而是一切都在同时发生。你经历什么，你就是什么。你从未到达，也从未离开。你从未得到，也从未失去。你一直如此，从未改变。这种认知才是改变的基础。

宇宙在向你低语，如果你不听，这低语声就会变成高声尖叫。你的身体在向你低语，如果你不听，这低语声就会变成高声尖叫。“不好”的感觉不要去回避。它们并不想给你带来不便。它们就是你，或者是比你更伟大的东西，它们在告诉你：有些事情不对劲。

你内心的声音永远不会被忽视。它会投射出去，最终变成巨大的外部声音，提醒你注意。

趁声音还很小的时候，学习去倾听。

生活中最滑稽讽刺的事情是，你在做自己觉得正确的事情时最容易成功。追寻真正想要的幸福、追求内心的平静，是我们唯一的责任。那些热爱自己工作的人总是比那些机械地“努力工作”或声称自己努力工作的人更成功。当你真正热爱某件事时，你会产生一种别人无法拥有的神秘力量。

你不一定要有凝聚人心的威望。你的人生旅程不必一帆风顺。你不需要用包装自己来换别人的认同。

不是每件事都需要有意义。你可以在很多事情上做得很好，但这些事情不一定与其他事情相关。你不是只有一个目标，一种天赋，一种喜好。你可以有各种各样的工作，在你为之努力的时候，每一份工作都是有意义的。

你常常不知道什么对你的生活最好。预测未来的事，并不能保证它一定会发生。这只会把你封闭起来，让你执着于一个想法。于是你只想让那个想法成为现实，因为你已经完全依赖它了。不过这一点依赖也许算不上什么，我们总还会有更多执念——想要正确无误，想要控制一切，想要知道什么是最好的，想要知道什么事情将会发生。

在世界历史上，从来没有人能够在回顾自己一生时说："是的，这都是我预料到的。"倒是有很多人在某一天回顾以往的时候说："是的，我知道这就是我想要的，但其中的种种细节还是让我感到惊讶。"

事情的结果会比你设想的更好。然而，在你对结果还一无所知的时候，往往又会觉得一切都将不如人意。在你意识到比你想象中更好的事情即将实现之前，你也许会觉得自己做的每一个计划都会被一种无形的力量打乱。在这种时候，请相信你将要得到的会比你应该得到的更多。

你必须让自己值得拥有你想要的生活。没有人会因为极度渴望而得到自己想要的东西。你的生活将与你认为自己值得得到多少成正比，而不是你认为自己应该得到多少。那么，你相信自己值得得到多少？

— 第61篇 —

我们很少要求自己，却期望别人能做到的事

01 | 我们期望别人诚实，坦诚地表达他们的想法（尤其是感情方面的），但我们自己是否能以诚待人呢？为了自己的便利，我们是否一直拖着别人，让他们在猜测和等待中度过？

02 | 我们对那些不能做到无条件善良的人表示愤怒。当孩子表现得不友善时，我们试图通过惩罚来教育他们。我们要求别人有爱心，而我们提出这种要求的方式却往往是缺乏爱心的。

03 | 我们希望，如果有人对我们感兴趣，他们就应该先主动采取行动。你上一次克服心理障碍，主动告诉别人你在乎他，是什么时候？你上一次明确地跟别人约会——而不仅仅是一起出去玩——是什么时候？你上一次做你希望别人为你做的事，又是什么时候？

04 | 给我们带来强烈感受的事，如果别人对此无动于衷，我们就会觉得无法理解；而如果别人热衷的事让我们感到不适，我们就

会抱怨。比如社交媒体上那么多的冰桶挑战视频[①]，还有我们总能听到、看到的那些“令人反感”的政治观点。

05 | 我们期望别人无条件信任我们，但我们总有不相信别人的正当理由。

06 | 如果别人没有无条件地支持我们，或者必须等我们开口才知道我们需要他们，我们会觉得他们是冷漠和自私的。但我们自己会深入分析和揣测其他人的行为、欲望和意图吗？

07 | 我们认为那些对我们的生活不完全了解就做出判断的人太偏激，但我们又有多少次对陌生人、同事和朋友做出过这样的判断呢？我们知道，如果人们真的了解我们——真的了解我们的全部故事——他们就会理解……然而，我们却也凭着一些我们不完全了解的情况和不知道全貌的故事就评判别人。

08 | 有一种事经常让我们感到气恼：一段关系在我们眼中明明已经出了大问题，陷在感情中的人却不能迷途知返——他们不愿离开给他们带来伤害的人，不想“放手”无法改变的事情。但我们自己的生活中又有多少次发生过这种事？我们不允许别人泥足深陷，但当我们崩溃的时候，我们却期待别人的安慰和理解。

---

① 为了让更多人知道被称为“渐冻人”的罕见疾病，同时也达到募款帮助治疗的目的，该活动要求参与者在网络上发布自己被冰水浇遍全身的视频。

——编者注

09 | 理论上，我们希望别人接受所有宗教信仰，但如果有人不理解我们的教义、信仰体系或宗教背景，我们就会认为他们不具备理解的水平。

10 | 我们认为那些通过一点小事就评判别人的人很糟糕。但我们也在如此评判别人，只是为了评判而已。

11 | 我们希望别人不要拿我们开玩笑。而事实上，幽默最廉价的方式就是嘲讽别人。当我们需要找点事提提神的时候，我们马上就会选择刻薄地嘲讽他人，因为这样做能让我们开怀大笑。

12 | 我们期望别人重视我们，不再贬低我们。当我们自我贬低的时候，我们还期望别人能赞美我们，证明我们的价值（我们甚至期望自己持续不断的自我否定在他们眼里也是可爱的）。

13 | 我们期望别人在一夜之间改变，无论是吃得更健康，注意自己的身体，还是摆脱一段有害的关系或辞去糟糕的工作——不管是什么情况，当其他人自我毁灭时，我们认为几句鼓舞士气的话就会改变他们。其实这种情况很少发生——我们只需要看看自己的坏习惯有多顽固就能明白了。

14 | 如果有人在公共场合声音太大、插队或者做出其他不体面的事情，我们会对这些行为不自觉、不得体的人怒目而视，投去不满的目光。但是当我们累了，承受压力或者工作不顺利的时候，我们也会在电话中大吼，或者把服务员叫来，向他们提出各种无礼要求。我们会在吃早午餐的时候大声地谈笑风生，因为我们

很兴奋，这没什么，但如果别人做同样的事情，那就很烦人了。只有当我们自己这样做的时候，这种事才一点也不令人讨厌。

15 | 我们期待别人完全诚实，然而如果别人说出的一些“诚实”的话是我们不想听到的，我们就会认为这是“刻薄”。当轮到我们诚实时，我们则会竭力避免说实话，直到别无选择。

16 | 我们期望从最亲近的人那里得到无条件的爱，好像这就足以掩盖我们不爱自己的事实。

— 第62篇 —

你不必为了配得上别人的爱
而全方位地“爱自己”

当人们说你需要先“爱自己”，然后才可以爱别人时，他们的意思是，如果你在潜意识里要寻找一段关系来修正你的生活，给自己一个方向，或者让自己感觉更好，你永远都将选错人，你永远不会得到真正想要的那种关系。你必须先爱自己——爱自己的方方面面——才有可能找到对的人，把自己交给他。

这句话听起来像是在说，如果你没有得到爱，那就是你的错。因为你还不够好，还没有付出足够的努力去赢得爱。就好像在你认为自己准备好了之前，你不应该接受爱情。我们只能修炼自我，当我们确定一段关系之后，就可以停止修炼了。

但在你生命中的真爱出现时，你不可能做好准备。没有人能做好这样的准备。如果你因为自己准备得还不够充分而拒绝这段关系，实际上就错失了最好的成长机会。

爱是一个巨大的放大镜。它让你看到你的生活和你自己，你喜欢什么，不喜欢什么。对的关系会鼓励你面对这个问题，并努力解决。对的关系会帮助你学会爱自己。它注定要改变一切，而且它一直都在改变。

所以在爱的同时，也要学会成长。在一个人的日子里做你自己，做那些只有你独处的时候才能做的事。但千万不要因此就认为，只有你能够全方位地爱自己之后才有可能得到别人的爱，其他人没有义务像你对自己一样对你那么好。有了这样的心态，当爱来临的时候，你就会准备好迎接它。

是的，你对待自己的方式将决定别人如何对待你。要成为一个完整、成熟、纯粹，能够被爱和爱别人的人，绝不是在孤独和隔绝的状态下能做到的，它关系到你如何支持自己，如何要求尊重，如何选择爱。即使你一直在寻找的那个人已经站在了你身边，你也要学会继续成长和进步。

允许自己被爱，也是爱自己的表现。

— 第63篇 —

如果你还没有找到想要的感情，你需要问自己30个问题

01 | 你认为一段感情是因为你“足够好”而获得的，还是当你足够强大，能够敞开心扉时才发展起来的？

02 | “爱”对你意味着什么？只是一种美好的感觉吗？是友谊吗？是安慰吗？是未来的方向吗？

03 | 如果不能从一个你甚至有可能还不认识的人那里得到陪伴和永远相守的誓言，你怎样在自己的生活中得到这些呢？

04 | 如果你爱的人能映射出你所有未被治愈的创伤，映射出你的缺点，并把你最深的不安全感暴露出来，你还准备和他在一起吗？

05 | 你是试图与他人相处，还是试图凌驾于他人之上？你是想与人交往还是想给人留下深刻印象？你参与讨论是为了学习，还是让别人接受你的思维方式，让自己得到支持和肯定？

06 | 你思考爱情的时间是不是比你真正恋爱的时间还要多？你是不是制订过一个计划，要寻找那种你认为自己极度渴望的爱？

07 | 如果你要制订一个计划来寻找那种爱，那个计划会是什么样子的？你需要做什么？你可以尝试什么？你能去哪里寻找？

08 | 相亲，由朋友介绍，或者自己出去寻找，这些事会不会让你觉得，未来几年（或者更长时间）里还是自己一个人更舒服？

09 | 你是否公开承认你在寻找合适的对象？如果你总是表现出很享受自己的单身状态，你就会错过很多通过朋友介绍结识更多朋友的机会，因为他们不知道你是否愿意谈恋爱。

10 | 除了别人的关爱，还有什么能让你幸福？

11 | 如果你决定从今天开始掌握你感情的命运，而不是等待缘分降临，你会做些什么不同的事情？

12 | 你认为一段感情是你主动找到的，还是随着时间的推移逐渐发展和巩固的？

13 | 你相信那些更漂亮、更成功、更聪明、更有才华或在其他方面更优秀的人会比你拥有更多的爱吗？

14 | 你有没有客观地观察过你周围那些谈恋爱的人，用同样的标准来评价他们的吸引力、智商和优秀之处？

15 | 如果你这么做了，你有什么发现？

16 | 如果你意识到，人与人的关系不仅仅是美好的，而且是把这个糟糕的世界拼接在一起的纽带，在感情上投入时间和精力，就像在其他意义重大的事情上投入时间和精力一样，不仅必不可少，而且对于你实现其他目标也同样至关重要，你会不会大吃一惊？

17 | 如果你知道，即使是那些身边有很多朋友、有看似“幸福”的恋情、每个假期都有家人陪伴的人，有时还是会感到极度孤独，你会不会大吃一惊？因为这是一个人如何与他人建立连接的问题，而不是有什么人在身边的问题。

18 | 你知道在一段长期关系中你需要的是什么吗？

19 | 如果这些需求没有得到满足，你会愿意去争取吗？还是为了让你的伴侣觉得你善解人意而放弃争取？

20 | 如果你遇到了你一直梦想的感情，却没有成功，你打算怎么办？

21 | 如果你知道，幸福、健康的感情最重要的因素是，即使这段感情破裂了，你仍然可以元气满满地生活下去，你会感到惊讶吗？

22 | 有没有可能你的孤独不是因为你有缺陷或不讨人喜欢，而是因为你必须在孤独时才能发现一些深刻而神圣的东西？

23 | 如果你知道自己生命中的真爱正在路上，你现在的孤单只是暂时的，你会如何度过这些一个人的夜晚？你会在哪些方面投入精力？读书还是刷手机？多交朋友还是嫉妒那些正在恋爱的人？学习冥想还是借酒浇愁？

24 | 你认为别人爱你，花时间和你在一起是因为同情你，想帮你吗？

25 | 你有没有想过，他们可能也同样渴望爱情？

26 | 你有没有想过，在一段感情中你能“给予”什么，而不是你想要得到什么？

27 | 你是否承诺过，一生都要和另一个人相互陪伴、帮助和激励，一起成长？

28 | 你是否愿意，或者准备好要放弃所有关于爱情会如何到来，爱情会是什么样子，你的伴侣会是什么样子的先入为主的想法？（你需要这样做。）

29 | 你这一生愿意为什么而受苦？你会为工作吃苦，但对于那件真正值得你付出的事情呢？如果你发现约会只是长跑前的热身，真正的“工作”才刚刚开始，你是否还愿意付出一切？

30 | 你是否已经准备好让爱先摧毁你，再帮助你成为你想要成为的人？

— 第 *64* 篇 —

诚实是一种美德

有一种文化（和一种人）令人窒息，无法与之共存，那就是对诚实毫无敬重（的人）。

如果有人观点和我们不一致，我们就说他是“冒犯”，说他的观点是错误的。（更有甚者，别人随便发表的一些议论对我们的“冒犯”，要比全球饥荒和战争暴行以及环境遭受的破坏还严重。）在我们的文化中，我们被迫只做对我们有意义的事，我们被教导要把自己放在最后，即使“把他人放在第一位”根本就是虚伪和不真诚的，是弄虚作假。内心的孤独正在吞噬我们，我们只能依靠文字和音乐表达孤独。我们饱受焦虑、抑郁、孤独、不确定、恐惧和失败的折磨，这主要是因为我们必须在别人面前伪装出一副与此相反的样子。我们没有意识到这些“糟糕”的部分才是生活中天然存在、至关重要的部分。没有人是诚实的，所以没有人会找到真正爱着他们的人，因为他们没有做自己。他们找到的都是只爱他们外壳的人，而我们都知道，外壳易碎。

我们畏惧诚实和改变，因为我们害怕那些声称爱我们的人不再接受我们，需要我们，重视我们。

我们认为“做自己想做的事”和“把自己放在第一位”就是自私

行为，就是不为他人着想。我们被教导应该追求那些能让别人幸福的东西。但是，难道你希望生活中的人都掩盖真实想法吗？

说真话不是“刻薄”；我们只是不习惯听我们不想听的东西。我们认为所有和我们的期望不一致的东西都是“错误的”。“真实”和“刻薄”已经成为同义词，只要别人做的事、说的话与我们想看到和听到的不同，他们就是错的，他们伤害了我们的感情，让我们觉得不被接受，不被需要，不被认可。

你必须记住的是，那些大声疾呼做事需要遵循某种规矩的人，毫无疑问正是那些被“为了别人而活”的观念影响最深的人。他们总是在满足别人的需求，得到的却只有空虚。他们的话语中就回荡着这种空虚感。

我敢保证，对于任何一个人，如果你知道了他真实的故事，他全部的故事，如果你以他的身份生活一天、一年或一生，你一定会喜欢上他。如果我们的平等不是以诚实为基础，我们就不可能拥有真正的平等。如果一个人总是觉得自己低人一等，我们又怎么能期待他会平等地对待别人？

平等的根本，还有理解人类平等的根本，就是诚实以待。

要改变我们的社会进程，要开放封闭的思想，要改变我们对性别、种族和人性的看法，唯一的方法就是首先把这些都摆到桌面上来讨论。但在现实中，我们只和同意我们观点的人对话，而不是试图倾听那些持不同观点的人的见解。这不是改变。这只是自我膨胀。

我们在生活中经历的最美好的事情是，有人宁肯伤害我们的情感，也要坦诚地说出他的意见和担忧。他们告诉我们真相，拯救我们，或者向我们展示一些我们本来没有看到的现实。我们最感激的事情常常是过去（和现在）那些最艰难、最有压力、最彻底的改变，即使一开始它们那么令人不适。

所以当你看到朋友正在为一个对他的生活质量有深远影响的选择而纠结时，你应该充满同理心但又坦白直接地把你的意见告诉他，而不是在背后和别人议论他的问题。如果你想换一种活法，尽可以去尝试，没有人会强迫你必须做什么。生存的方法有很多。但是如果有人不爱你，你不能强迫他爱上你。你应该说出自己的感受，不要在阴郁的心情中停留太久。

你应该告诉你爱的人——你爱他。你应该告诉你不喜欢的人——你不喜欢他，让他去找真正喜欢他的人。你应该深挖自己那些未曾触及的地方，看看会发现什么。首先，它们是你未曾发现的没有愈合的创伤，下面是深藏的光明、爱和激情，还有创造非凡的渴望。你不应该根据别人的看法来评估你的选择，而应该思考这些选择是否符合你最真实的自我。

你应该勇敢地说："这就是我，即使你们会因此把我钉在十字架上。"就像许多宗教、政治名人所做的那样——即使他们会被粉丝和追随者钉在十字架上。

你应该给予别人你最需要的东西。这句话的意思是说：不是所有人都爱你，但这并不意味着你根本不被爱。你不是最美的，但是否最美并不是最重要的。你只是被自己的恐惧束缚住了，所以除了你自己的内心，你在任何地方都找不到自由。每个人都会受苦，但不是每个人都能毫发无伤地从黑暗中走出来，继续保持光明的心态。不是每个人都有勇气诚实，但每个人都有能力诚实。所以，请发扬诚实精神吧！

— 第65篇 —

痛苦能促进你成长的7个理由

很多诗人、思想家和哲学家谈到过这个观点：苦难的意义。鲁米（Rumi）说，伤口是光进入你内心的地方。伊丽莎白·库伯勒·罗斯（Elisabeth Kübler-Ross）认为，你必须先体会失败、痛苦和挣扎，才能学会欣赏、体贴和理解。哈利勒·纪伯伦认为，你们的痛苦就是包着你们悟性的外壳的破裂。陀思妥耶夫斯基说，对于具有高度自觉与深邃透彻的心灵的人来说，痛苦和苦难是他必备的气质。C. 乔伊贝尔·C. 把一些人看作恒星：经历了自毁、死亡后，坍缩成超新星，绽放出比以往更加美丽的光芒。

痛苦可能不会促进人类的身体发育，但它会促进我们所知道的另一种成长：在我们的头脑中，在我们的心灵中，在我们的灵魂中。如果哲人们说得还不够透彻，你在生活中肯定有过这样的亲身经历：痛苦在成长过程中是至关重要的，那些失去是在为你将来的得到做准备。正是痛苦的经历让你变成了现在的你。

很多人都在谈论这一现象，但大多数人无法确切地定义它：它会加速你的崩溃，让你的美好生活跌入谷底。痛苦是如此重要，当一切雨过天晴时，你会感激它。它是光明前的黑暗。

如果我们能理解为什么我们的痛苦是必要的，我们就能更平和地接受它，或者至少能够学会倾听它，而不是迫不得已才去面对它。这里有七个理由可以说明，为什么痛苦对于人的成长是必要的。

01｜痛苦是必要的，我们总是意识不到这一点，通常需要经历一些事才能领悟。

痛苦和苦难不是一回事——我相信你肯定听过这样的说法。爱会令人痛苦。我们在高潮时和疼痛时的表情是一样的。哭泣是一种宣泄。会痛，知道痛，感觉痛，未尝不是幸福。我们不喜欢的是苦难。苦难来自对痛苦的抗拒，我们因为抗拒而受苦。我们不会选择让我们痛苦的东西，这是好事。如果我们能选择为了什么而受苦，那就更好了。这一切都只是出于我们自己的意愿。

02｜我们以为在寻求幸福，但其实首先寻求的是舒适感和熟悉感。

人们无法预测什么会使自己幸福，这是因为我们所知道的一切都是我们已知的。然而，我们的文化注重“规划”未来，选择幸福，并追逐幸福。为了做到这一点，我们只能选择一些我们已知的事情，但客观上说，它们根本不是幸福，而是我们更渴望的东西：舒适。直到我们再也无法忍受自己对舒适区的依赖，我们才会被迫去追求舒适区之外的东西。

03｜痛苦告诉我们，试图改变外部世界以获得幸福，就好比放映机的镜头沾上了泥点，我们却以为屏幕脏了。无论怎么更换屏幕，都是没有用的，我们要做的是把镜头擦干净。

拜伦·凯蒂（Byron Katie）说得很好：“造成我们痛苦的并非问

题本身，而是我们对问题的想法。”与其痛苦地想要改变世界来符合自己的想法，不如反思这些想法。它们往往不是真正的现实。

04｜通常，痛苦会令人崩溃，实际上这是一种突破，我们只是还没有看到它的这一面。

通过学习，我们会了解到，有时候（可以说是经常）我们不知道什么最适合自己，但不知为何，我们的潜意识——本能的自我——知道什么是最好的。在我自己的生活中就出现过很多次，我突然觉察到，是时候要为了某种更伟大的目标推翻自己的过去，尽管那时我还不知道那个更伟大的目标是什么。

05｜感受快乐的能力与感受痛苦的能力同等重要。

你越能接纳黑暗，你就越能看到光明。我们的情感也需要保持平衡状态；这取决于我们选择用什么样的视角来看待事物——最终选择权在我们自己手里。

06｜痛苦是出问题的信号，如果我们忽视痛苦，我们就会为此受苦。

生理上是这样的，在情感和心理上就更是如此。我们总喜欢给自己制造麻烦，因为我们深信自己应该承受痛苦（那种感觉非常不好的痛苦），我们（错误地）认为自己非常糟糕，理应受到惩罚。

在与痛苦对抗的过程中，我们才意识到为什么不应该承受它。在这个过程中，我们重新找回真正的自己，不再在意外界如何看待自己。

07｜未经反思的痛苦仅仅是痛苦。

没有什么创伤经历是一个单独事件。没有任何痛苦是一件事造成的。造成痛苦的是一个完整的模式，是多种失去积累起来的结果，直到压死骆驼的最后一根稻草让我们彻底崩溃……但我们也因此豁然开朗，那一刻我们意识到，我们一直都知道真相是什么样子，尽管出于一些原因我们在早些时候没有注意到真相的提示。这就是我们在崩溃时的顿悟。这个世界允许我们去探索黑暗，这是多么美好的事情啊，但是当我们要从黑暗中走出来的时候，痛苦也将随之产生。

第66篇

为什么我们会紧紧抓住那些不属于我们的东西

我过去一直想知道，如果你觉得“放手”你就活不下去，那你最终是如何放手的。你是相信“如果事情是命中注定的，那自然就会发生”，还是相信“如果你想要，就必须去争取”呢？

我们之所以会紧紧抓住不属于我们的东西，正是因为在某种程度上，我们知道它们不是真正属于我们的。我们一直在寻找我们并不拥有的爱，总是想要证明那些根本无法拿出证据的事情。

我们知道，当我们停止思考、谈论和反复回想细节时，一切就真的结束了。如果我们的心中尚余一丝残念，留住它，这一切就不会结束。

因为放手并不意味着允许某人离开我们的生活，或者承认他不再爱我们，或者永远地分别，放手只意味着接受他曾经爱我们的事实。

我不知道什么是命运。但我知道，那些属于我们的东西并不需要我们在精神和情感上紧紧抓住不放。最好的东西从来都不是强求来的，从来不会让我们在几个月或几年的时间里患得患失。

我知道，伤害你的永远不是爱情，而是你对爱情的执着。我知道除非我们放下对真爱的想象，否则我们永远都不可能找到真爱。对于真正的幸福，也是如此。我知道没有什么是永恒的，这种想法只是一种幻觉——我们最终会失去一切。无论我们有什么，我们是什么，我们属于谁，最终都会失去。

所以关键不在于我们失去了什么，而在于我们最初拥有什么。那些对于我们来说已经是过去的事情，是我们最应该放下的。

有些爱只用一个月时间教会我们的东西，有些爱要用一生。但它们教给我们的东西同样重要。

那些注定属于我们的东西让我们不再去寻找外在的光，而是开始成为光。无论那是艰辛的、快乐的、美好的还是痛苦的，我们都不必担心会失去。

那都是我们不需要紧紧抓住就能拥有的。

— 第 67 篇 —

你不该在20多岁的年纪做的事

01｜让任何人说服你，你还年轻，能力还不足。

柏拉图在20岁之前就开始了他的政治生涯，他曾经说过，在成长过程中因此遭到过嘲笑。像乔布斯、扎克伯格这样的21世纪最伟大的创意工作者在20多岁时做出了他们的第一个巨大贡献。想象一下，如果他们当时听了那些人的话——“你懂什么？”他们还会有现在这样的成就吗？

02｜和那些根本不打算了解你的人争论——他们只想证明自己是对的。

你不必和任何人进行这种只会满足他们自负心理的对话。与那些不会倾听、不会理解，只是急着做出评判的人交谈，你不可避免地会产生挫败感和自我怀疑。那些人和你交流不是为了倾听，只是为了维护自我。为了你自己，你必须摆脱他们对你的影响。

03｜浪费你的精力去帮助那些不会主动振作起来的人。

与那些处于困境中的人打交道经常是最令人沮丧的，他们不愿意听任何道理，不讲逻辑，对你的观点不屑一顾。你最终不得不假装认同他们。无论他们说什么，你都只能点头附和，因为你不希望你们的每一次互动都变成一场争吵。怨恨会在你们之间逐渐积累起来，最终你们的关系也会破裂。

04｜向那些根本不了解、不关心你的人证明你的选择是正确的。

有一些人会大声告诉你应该或者不应该做什么，说你正走在一条多么错误的道路上。他们完全不了解状况，就来指点你的人生。实际上，他们最关心的只是你的选择是否会让他们丢面子，他们该如何向朋友、亲戚、姐妹、家人和同事解释你的事。所以在你做决定的时候，或者谈到这个话题时，要记住谁才是重要的。

05｜与你不喜欢的人保持联系，只是因为你“应该”这样做，因为这段关系会给你带来好处，因为如果你不这样做，你会感到内疚，因为你担心如果你表达真实的态度，别人会不舒服。

你不必浪费自己的生命去拼命取悦别人。他们没有——也不会——为你做同样的事。

06 | 死死抓住一份已经结束的爱，因为你害怕会错过最好的，或者你再也找不到让你有同样感觉的人。

爱的目的是让你敞开心扉，教会你需要知道的东西。不要让自己非理性的恐惧阻止你去发现那样的爱。

07 | 吃自己不喜欢的食物，做自己不想做的计划，和那些让你讨厌的人保持联系，囤积衣服，为了永远不会到来的“某一天”，让自己的人生停摆，等待那些不愿也永远不想给出承诺的人。

我们总是浪费大量的时间来收集和保留那些对我们毫无用处的东西。这样做只会让我们远离那些真正重要的东西，那些能带给我们幸福和意义的东西。

08 | 不愿意花时间去弄清楚自己想要什么。即便你发现自己到最后也没能找到答案，其实也没关系，这个答案本来就不是固定的。不要因为害怕找不到确定的答案就完全不去探寻。

有人给你画了一个圈，你就在那个圈里不停奔跑，没有花时间（哪怕只有一天、一个小时）停下来反思和评估，与你的内心建立真正的连接，倾听它对你的呼唤：提醒你注意那些你忽视的事情——那些你注定要去做的事。

09 | 没有花时间去抚平童年的创伤。

有一些东西塑造了现在的你，只有你能解构它们，拆除它们。做这件事要么趁现在，在你还有适应能力和发展空间的时候；要么以后再做，等到你内心的创伤完全暴露之时。（选择权在你，一直都是如此。）

10｜根据那些看起来“不对”的事情评判别人。实际上，每一件事的发生都有其意义。我们的目标不是创造一个完美的环境，而是经历那些促使我们成长、接受教训和做出改变的事。

一段看似错误的婚姻也许是某个人真正需要的，那些看似碌碌无为的人也许正在积累知识和经验，这些知识和经验有一天会被撰写成一部伟大的小说，揭示一个伟大的哲学思想。所有发生的事情都是好的，因为所有的事情都在促进我们的成长和发展。

11｜不去学着过自己能力范围之内的生活。

无论你挣了多少钱，无论你的储蓄账户里有多少钱，无论你还有多少债务需要偿还，如果你还没有养成量入为出的习惯和生活方式，那么无论你去哪里，取得什么成就，同样的财务问题都会不断纠缠着你。

12｜把你最想做的事情推迟到更“合适”的时机。

如果你在找一个不去做的理由，你总能找到。如果你在寻找一个完成的办法，你也总能找到。

13 | 意气用事，不给自己留后路——这些后路可能是工作机会、重要的人际关系，只是你那时并不知道你以后会需要。

这个世界并不大，说不定哪天你就会需要那个你觉得永远不必再联系的人。如果你必须退出，就学着优雅地离开，这样当你需要回去的时候，那里的门才会愿意对你敞开。

14 | 做一份让你痛苦的工作。

我不是说明天就会发生痛苦的事，也不是说你能在一周、一个月或者三到六个月内找到理想的工作。

我的意思是，有些人年轻时就做成了自己真正想要做的事情，而他们都有一个共同之处：在正确的时间处在正确的位置上，因为他们坚持让自己留在那里。创造你自己的运气和机会，并且要相信，某些命中注定的更强大的力量会为你完成剩下的事情。

15 | 你拼命抓住一段感情，只是因为你没有其他选择，不得不将就。

同样糟糕的还有，一份本打算临时做一段时间的工作不知不觉就做了十年，一段勉强凑合的恋爱关系变成了安于现状的婚姻，等等。

16 | 从不试着改变自己的外表，因为你害怕任何一个小的改变都会让人们以为你完全变了。

这样做有两个好处，一是让你真正适应束缚你的这个身体，二是让你真正适应这个身体的变化，因为从现在开始，它会不停地变化。

其中一些变化在你的控制范围内，但多数不会。不要让自己过于执着于一种形象，因为这会让不可避免的成长和衰老过程变得更加艰难。

17｜从不学习说“对不起”或“谢谢”——但这样的表达能让你学会保持谦卑。

对你的父母、你的前任、你的老师说，对陌生人、朋友、家人、你曾经认识的人说。但最重要的是，对你自己说。

18｜从不曾在凌晨四点点比萨外卖。

或者至少在早餐时吃一块蛋糕，或者亲吻一个陌生人，或者把你的电话给吧台或咖啡馆里你一直在看着的那个人，或者来一次说走就走的旅行，和你最好的朋友一起去探险，或者其他你想做的稍微放纵但也不会有什么害处的事情。只是大多数时候，你没有勇气去做。（去做吧。）

19｜等待外在的东西来修补你的内心。

未来的一年、工作、人际关系、薪水、衣服、新住所——你想要用这些解决你的一切不适和不满。（不满将很快变成不适，除非你将它解决掉。）总是这样。

20｜只想要幸福。

生活中有很多东西不会给你带来持续不断的满足。你将经历的最重要的事情与你的幸福无关。它们是关于痛苦、悲伤、欢乐、惶惑、恐惧和爱，以及你经历了这些之后的感受。

你不会记得那些感觉只是“还好”和“勉强还算幸福”的日子。你会记得开心的时刻，痛苦的感觉，以及那些定义和改变你的事情，那些神奇的、不可思议的、让你感到自己还活着的事情。

不要因为害怕感受而让自己变得麻木。你唯一需要做的就是驯服心中那头不想真正感受生活的野兽。

— 第68篇 —

那些有满足感的人都知道的12件事

满足感似乎是一种难以捉摸的欲望。它正在驱动整个消费市场。不过这只是一些聪明人利用我们固有的本能来赚取财富：我们都急切地渴望着充满意义的人生，却又不知道怎样才能拥有这样的人生。

在人生的某个阶段，我们以为幸福就是我们所拥有的，而不是我们所做的。我们以为要摆脱空虚，就必须把我们的周围都填满。显然，这样做失败了，或者可以说，是彻底失败了。

真正的满足感是指因为自我实现而感到幸福。你真正了解了自己想要什么，有一种必须去实现的渴望，你会怀着谦卑和热爱去做每件事。

01｜成功是爱上过程，而不是爱上结果。

成功是一段旅程，是实际的“行动”，是每日的坚持和充满细节的梦想。你想要的生活就在简单的日常工作中。你不能只是专注于写大纲，然后又奇怪为什么你还没有写出一本书。

02｜社会只认为某些幸福是有价值的。

也许你会辞掉现有的工作，去咖啡店做咖啡师，因为这是你喜欢的工作。但不是所有人都会为你喝彩。社会真正看重的幸福只有一种，那就是看上去体面光鲜的幸福：这种幸福与真正的满足感相去甚远，它只是让人们没有生存的压力。不要让别人的观念决定你的幸福。别人恐惧的事，你不必跟着害怕。

03｜爱情和成功不是不可再生资源。别人拥有的不会夺走你的。

在小学时我们就会发现：有些人很受欢迎，有些人不受欢迎。我们的终生竞争由此开始。但别人的成功并不会夺走你的成功。别人得到爱或赞美并不意味着你不会收获爱或赞美。

04｜你对一个决定越满意，你就越不需要别人帮你做决定。

你对你所做的事情越满意，就越不需要其他人来支持你。有意思的是，你做一件事越开心，你就越是会找到你所寻求的支持。

05｜我们的最终目标是看看最简单的东西是如何变得不寻常的。

当我们的最终目标是要拥有一些有形的东西时，那么这个“最终目标”实际上还没有确定。有形的目标——金钱、著作、职位等等——都只是里程的标志。它们是你生活的产物，而不是你生活的目标。目标是实现真正要去实现的。你为此而写的书不是你的成就，而是一种表达。

06｜你不是“被迫”去做，而是“想要”去做。

这是最简单的认知改变，能让人真正产生满足感：把每件事都当成一次体验的机会。你不是被迫要去上班，你是想要去工作；你不是被迫要早起，你是想要早起。当你开始把事情看作机会而不是义务时，你就会投入地去做，而不是想要逃避。

07｜举重若轻。

这是一个经常被使用却很少被理解的短语：任何真实的、美妙的、最有可能成功的事情都是毫不费力的。你在创造时所处的状态将决定你的结果。你越轻松，投入的热爱越多，就会有越多的人从中受益。

08｜你生命中存在的任何东西都是因为你的创造才存在。任何持久存在的东西都是这样，因为你在培育它们。

想想看：你的每一个行动都在滋养你的内心。每个行动都是基于已经存在的东西创造和合成的。记住这一点，问问自己每天滋养你的是什么，你的生活将会更有意义。

09｜你是否听从自己的心声并不重要，重要的是你倾听自己的哪一部分。

大多数人发现，听从自己的直觉几乎是不可能的，因为他们担心直觉是不准确的。这是因为在任何时候，都会有许多不同的“声音”

驱使你走向不同的结果。你的直觉可能更倾向于保护你而不是拓展你。直觉可能是出于情感匮乏或恐惧。你必须问自己：这种反应的根源是什么，它从何而来，带来的长期后果会是什么？

10｜用你自己有多正确来证明你对别人的判断，无论你有多正确，你都是错的。

不管别人有多糟糕，或者你对他们的批评有多正确，你这样做仍然是错的。你的工作不是监督全世界，你需要关心的是为什么自己如此乐于对别人做出攻击性的假设，却从不担心别人对你做出什么假设。

11｜你的心灵知道如何治愈自己。问题在于你是否做好了准备。

大多数心理和情绪的治愈都需要首先解决问题。在你的一生中，你会一次又一次地制造各种状况，迫使你必须去解决一些长期存在的问题。那是因为你不由自主地想要折磨自己，同时又想解决折磨自己的东西。你要让自己意识到它们的存在，这样你才可以处理它们，最终对它们放手。相信你的天性——它比你的身体知道得更多。

12｜你可能无法成为你想成为的人，但如果你真的很幸运，并且真的很努力，你就能成为真正的自己。

那些取得不可思议的成就的人从来不认为自己有多么了不起，他们认为自己很普通。正是这种平常心使他们的伟大成为一种可以实现的模式、一种常规、一种习惯，最终成为一个结果。这种驱动力和持之以恒的韧性源于一件事，也只有一件事：做与真正的自我相一致的事情。自我觉醒是一种幸运，却也是一种非凡的挑战。更重要的是，要拥有一个爱我们的人，一份需要我们的工作，以及能充分实现自我的生活。哪怕我们被否定，拥有这些也已足够。

— 第69篇 —

失去爱情的人知道了什么

失去爱情的人知道，你一定不能失去别人的爱。

别人的爱是你自己体会到的，如果没有体会到，那就只是一个想法、一个希望。失去爱情的人知道，就在那一刻，你失去了自我——当你开始相信别人会在离开你的时候也带走你的一部分，当你开始希望别人（而不是你自己）拯救你的时候，当你开始相信其他人（除了你以外的其他人）可以拯救你的时候。

失去爱情的人知道，你可以失去自己从未真正拥有的东西，结束一段从未真正开始的关系——那段关系从未实现你的梦想，也不在你的计划中。他们知道，你尽可以为那些根本没有真正存在过的人哀悼。

失去爱情的人知道，可以用枕头填补床上的空位，用忙碌的工作或频繁的约会填满生活，他们知道承认悲伤意味着什么，知道拥抱的疗愈效果。

他们知道，确定自己不可能像爱那个人一样去爱别人的时候意味着什么。他们知道，世界观被完全颠覆是什么感觉。

他们知道，不可能永远和自己最爱的人在一起，但可以用一辈子的时间来接受这个事实。

更重要的是，他们知道让生活继续并不是一个有意识的选择，而是因为别无选择。当你不再强迫自己去忘记，当你开始想着自己的时候，你自然就会忘记对方。

他们知道当他们回首那些本以为永远无法放下的事情时是什么感觉，并且会意识到，即使是最痛苦的事情，也会随着时间的推移而消散，随着理解而释怀，随着看清而放下。

他们知道，在最艰难的时刻，才发现自己有一种无与伦比的力量。

他们在意气用事之前会克制自己的冲动。他们知道失去理智会带来什么后果。他们变成了温柔的恋人和谨慎的求婚者，他们的犹豫和胆怯可能会被误认为是冷漠，但事实并非如此，这很重要。他们收获了敬畏之心，学会了理解，知道人可以爱得多么深，心灵可以多么脆弱。

失去爱情的人知道那种心如刀割的感觉。他们知道当自己用尽所有选择时，会陷入多么巨大的恐慌。

他们知道，灵魂伴侣并不是人们所想象的那样——他们在大多数时候并不幸福。那是一种爱，照亮你的每一部分，暴露出你未愈合的地方。真正的灵魂伴侣是让你能看清自己的人。

他们知道这一点才是关键。

他们知道，你可以爱一个人，但他对你的想念永远不会像你对他的想念那样多。他们知道除了活在当下别无选择是什么感觉，知道自己必须填满一天中的每一个小时，否则就会不停地琢磨刚刚发生了什么，担心将来又会发生什么，想知道他在哪里，他会不会在意自己。

他们知道珍惜自己现在所拥有的。

他们知道，看到你所爱的人与别人相爱可能是世界上最深入骨髓的痛苦。或者更准确地说——你以为属于你的人突然属于了别人。

他们知道每天幻想着再次遇到分手的恋人是什么感觉。他们知道在挑选衣服时还想着他，独自一人时反复回味和他在一起的时光，还有为了他去剪头发、跑步健身都是怎样的感觉。仿佛只要改变外表，就能再次赢得他的爱。

他们知道撞见已经分手的恋人和别人在一起时的感觉。那个人在很多方面都不一样了，无论是好是坏。

从这种非同寻常的痛苦中，他们知道，一个人对你的爱并不会因为他对其他人的爱而减少或增加。也就是说，无论他多么深爱过你，他也可以同样去爱别人。

明白这一点可能是最重要的一课。

他们知道，不停追悔过去是什么感觉。走在街上，一直在想着那个人会说什么，会想什么，心想如果那个人在身边会有多好。在酒吧里，你的思绪飘到很远，你开始幻想：如果他坐在你旁边会怎样。提着购物篮在超市排队时，听到你们喜欢的歌，你就立刻回想起你在他的眼里是什么样子，他现在会不会有同样的渴望，发着同样的消息，做着同样的事——只是这一切都已经属于另一个人了。

他们知道世界上曾经有一个陌生人了解自己的一切是什么感觉。

他们知道，你总是以某种方式把你所需要的东西召唤到你的生活中——以最痛苦的、变化最剧烈的方式。

他们知道你永远不会失去爱。他们知道你经历过什么，你如何成长，你因此而得到、学习了什么——这些才是重点。不是为了永远拥有，而是为了变成这些经历赋予你的样子。

他们知道，一开始，你会用很多时间试图弄清楚如何处理残存的爱。

他们知道，你应该把爱留给自己。

— 第70篇 —

追求简单

学会喜欢不需要花很多钱的东西。学会喜欢值得你花时间的事情。你可以花钱买到你想要的东西，去一些地方，但你不能买到真正的体验。关键不在于你做了什么，而是你感知到了什么。有意义的生活不在于感官刺激，而在于你学会如何思考，哪怕是最微不足道的日常事物。

学会喜欢阅读，无论你喜欢读什么。学会喜欢和人们交谈，即使他们和你不一样。要知道，真理是可以共存的。这是唯一能让你在这个世界上获得自由的态度。

学会喜欢用简单的食材做一顿可口的饭。学会喜欢田野、树木、露营、散步、篝火，眺望日出和日落。学会喜欢在初冬下雪的傍晚点上一支蜡烛，静静地写作。学会喜欢干净的亚麻布床单。学会喜欢刷干净碗盘、洗热水澡、喝水。学会喜欢在漫长而蜿蜒的山路上开车。

学会让你的需求变得简单，让你的欲望落在微小的事物上。

学会深呼吸。吃东西的时候要细细品尝味道，睡觉的时候要深度入眠。当你笑的时候，就尽情大笑，笑到满头大汗，上气不接下气。当你生气的时候，就尽情发泄愤怒，把情绪之火点燃。你不去压制情绪，情绪就不会以不恰当的、消耗你的方式出现。控制你的不是愤怒和悲伤，而是你对它们的抗拒，让它们一直蛰伏在你的灵魂中。

学会让消极的想法回到它们来的地方——那个无人知道的地方。

学会做那些不费力的事情。找到可以毫不费力的爱。你一直被教导，成功来自艰苦的、磨砺心志的努力，但这种概念更多是我们强加给自己的，因为我们会觉得轻松的事情不值一提，不配称为成功，于是我们就开始在没有问题的地方制造问题。

学会只保留有意义的东西。当你在自己的空间里，只接触、看见和使用那些能带来安全感和快乐的东西时，你的日常生活就有了幸福的基础。没有那么多的东西给你制造混乱，你就会觉得一切问题都能解决。

让事情变得复杂往往是最容易的选择。我们很容易就会让自己变得紧张不安，让自己的想法和恐惧变为现实。

把事情变简单却是困难的，因为它需要清晰的思考。这是一条漫长而艰难的道路，可以让你获得一种纯粹的感觉（不受条件反射或消极想法的影响）。这种能力一旦属于你，就会永远属于你。你可以在你的余生中保留一百件物品。每一件都会被使用、会损坏、会被替换、会被送给别人、会被扔掉、会变得过时，而这些临时拥有的东西对于你的意义，你对它们的欣赏和享受，这才是简单生活所需要的：让平凡变成奇迹。

* * *

人们喜欢大肆宣扬什么会给自己带来幸福。从某种意义上来说，幸福是我们都在追求的，稳定、爱情、金钱在我们眼中也等同于幸福。

然而，我们孜孜以求的那些东西，比如我们投资的房产、运营的公司和维护的关系（我们一直期待能从那些关系中得到更多），都没能让我们更幸福。

因为我们并没有改变思维方式——这是唯一能真正改变我们的，是我们的感受的基础。一个人生命的厚度与他对生命的感知深度是一致的。你的人生也在随着你的成长而发生变化。你的经历反映了你是谁。

不要忘记，你没有无尽的时间可以去慢慢这样做，慢慢改变。

一天、一周、一个月、一年都会很快从身边溜走。你一直想拥有更多的朋友和金钱，还有其他所有东西，一直希望用这种方法让自己发光，实际上，用这些时间在自己心中寻找光会更容易一些，因为你拥有了感知能力，你就已经是光了。你现在要做的就是清除所有的障碍。

— 第71篇 —

给那些不知道自己在做什么的人的18个小提示

01 | 没有人知道自己“要用一生去做什么”。有些人对自己的工作目标有更清晰的想法，但说到底，没有人能够准确地预测或总结我们的存在是为了什么。起码现在还没有。

02 | 你的人生由你自己决定。“迷失”的感觉不是在你走错路时发生的，而是在你失去控制权时发生的，是在你不想接受正在发生的事情时发生的。再次找到方向，意味着你要接受发生在你身上的一切，并把你的故事继续下去。

03 | J. K. 罗琳最初不知道自己会成为这个世界上最著名的作家之一，她只是在为她的孩子写一个故事。史蒂夫·乔布斯最初不知道他将成为人机交互技术的先驱，他只是一个在车库里做电脑的人。奥普拉最初不知道她会成为女性楷模，她只是想做一份主持人的工作。你不需要知道你在做什么，但你仍然可以做一些非凡的事情。

04 | 你不可能预测或计划五年后会发生什么。

05 | 如果你能预测和计划，那就大胆地梦想吧，你要更加努力。

06 | 为人生做规划，不一定说明你有野心，而是能让你更安心。专注于你每一天要做的事情。这是有价值的，会让你有所收获。

07 | 你不欠年轻时的自己任何东西。你没有责任要成为你曾经以为自己会成为的人。

08 | 你要为今天已成年的自己负一切责任。你应该问问自己，你喜欢什么，你想要什么，什么在召唤你，你需要什么，你值得什么。

09 | 你知道为什么你没有得到你曾经想要的东西吗？因为你不再想要它们了。这不是坏事。

10 | 很可能你正在意识到，你对自己曾经想要的东西已经没有了渴求，你要允许自己希望得到现在想要的东西了。

11 | 允许自己希望得到现在想要的东西。

12 | 如果你想改变人生，就不要再迷茫，而要开始采取行动。让自己朝着一个积极的方向前进——无论是什么方向。把你的思考转变成一种新的行动，不要仅仅停留在思考层面。

13 | 没有一个人的生活像网上展示出来的那么美好。

14 | 其他人不会像你自己那样关心你在社交媒体上的形象。

15 | 社交媒体总是让我们更加关注下一个大目标。如果你不知道生活将走向何方，很可能是因为你不知道自己想要的下一个引人关注的目标是什么。

16 | 你不是一定要完成什么事情才能成为一个有价值的人。

17 | 你如何看待人生，你的人生就会如何。如果你感到迷茫或者“不知道自己要做什么”，你就必须学习用不同的方式思考问题。

18 | 不要再问“我这一生要做什么”，而是要问“我今天要做什么”。

第72篇

觉察的艺术：如何做到不厌恶自己

所有厌恶都是自我厌恶。

所有事情都是一种投射。

当你感到胸口好像被压上一块大石头，当你感到绝望无助，仿佛自己正坠入无底深渊时，我希望你能记住这两个简短的句子。

一切事物都是你的投射，投射出你从事物中得到的，你能从事物中得到的和你将从事物中得到的。对你而言，任何事物都不是事物本身，而是你。

如果你没有亲自摸一摸、闻一闻、看一看一朵花，它就只是虚空中的随机物质。是你的认可赋予了它的美丽和存在。不是你处在这个世界中，而是世界在你心中。虽然这听起来好像有点抽象，但事实正是如此。

觉察是一剂解药，可以解决许多看似无法解决的问题。自我中心式的思考方式，就是推断别人的行为，假设别人的想法，并用这些来折磨自己。意识到这一点，你就不会再恐慌。

下面是所有需要你思考和反思的事情。在你感觉特别糟糕的时候，可以读一遍。（有人多次要求我列出进一步的行动，下面这些就是。）

01｜你的行为比任何人对你的评价都更有力量。

有时候我们会陷入无助感的原因是，它通常伴随着这样一种感觉，即我们完全无法控制其他人如何看待我们。当然，这其实只不过是我们如何看待自己的一种投射。没有任何人说的任何一句话比你的行为和你的身份更有力量、更真实。你掌握着权力。你说了算。别人如何看待你是他们的问题，这是他们最终必须接受的事实。而你打算让他们的看法对你产生多大影响，那是你自己的事。

02｜你如何看待别人的想法，要比他们真正的想法更重要。（这能够让你看到自己。）

一旦你意识到“别人是怎么想的”这个概念只是一个巨大的错觉，而且你还总是喜欢将这种错觉进行负面的解读，你就知道“别人怎么看你”会随着你自己心态的改变而改变。这很有趣，是吧？

03｜你的反应比其他人的行为对你更重要，而且你可以选择如何反应。

你的观点/想法/感受/情绪/精神状态不必依赖于你对外界有怎样的发现，或者根据你想象别人对你说了什么/没有对你说什么，相信你什么/不相信你什么。事实是，你永远不会了解人们在说什么、想什么、相信什么，这些都与你无关。他们一直都是那样，一直都是。唯一可以改变的是，基于这种假设，你有多想改变自己。别人想说什么就说什么。你也可以随心所欲地做出反应。

04 | 值得你去爱、去约会的人，远比你想象的要更能接受你的身材、外表、个人魅力等。

你向一个根本不在意你的人寻求肯定，其实也就相当于你阻止了一个无论如何都会爱你的人。

05 | 你应该为年轻时的自己感到尴尬——真的。

这是一个进步的标志。（但不是要你一直尴尬。）这样做的好处在于，当你回首往事时，你会想："那时的我怎么会那样？"这说明你已经不再是那种样子了。我希望你永远不要在回首过去时想："我那时就把一切都看透了！"那意味着你停止了成长。（也意味着你不再认真生活。）

06 | 如果你有总体性的问题，这些问题的症状就会一次又一次突然出现。

大多数人终其一生只会解决症状。但减肥并不能解决你的形象问题。真正爱自己的身体，你就不会因为错过了一节训练课或者吃了一块比萨就精神崩溃。不要关注表面现象，而要寻找产生问题的根源。

07 | 不是只有你会恐惧、担心、忧虑、偏执或不安，几乎所有人都有过这样的感受。

自我厌恶的本质是孤立。它使你成为另类的人，而其他所有人则成为"以评判标准来看正常的人"。我知道这对你的自尊心是一种打击，但你要泰然自若地去接受它：一般来说，你所做的事情以前都有人做过——只不过是在不同的地方、不同的时间，以不同的方式。人类的各种境况在自然界都是普遍存在的。而如果你将自己与这些普遍存在的现实区分开，认为只有自己体验过某些事，这只会加剧痛苦。（这种心理模式很有趣，对吧？）

08｜在任何时候，你最关心的往往只是某一个（或两个）人如何看待你。

我们担心有人会以一种不认同的方式看待我们，并向其他人描述他们的负面看法。这里说的其他人通常是远房亲戚、对我们略有不满的父母，是我们多年来一直梦想着要让他们另眼相看的人。

09｜没有人会像你对待自己那样对待你。

我们与自己内心的很多对话，都在围绕着平息恐惧和恐慌而展开，这些恐惧和恐慌的源头是我们觉得自己随时随地被其他人关注和评判。我们总是用别人的心态来思考，所以我们只是在做预测和假设，而这些预测和假设很大程度上受到我们对自己的假设的影响。简单地说：每个人都在担心自己，就像你担心自己一样。

10｜有一件事非常危险……

就是浪费太多时间去担心那些无常的、不重要的事情，这只会影响你去关注真正会给你带来快乐的事情。

11 | 你想要改变自己来取悦别人，而你的恐慌感就来源于此。

如果你不想取悦别人，如果你不觉得必须和别人相处和谐你才会舒服，你就不会有什么担心。这种对别人如何看待你的担忧和恐慌，都是因为你觉得需要改变自己或证明自己。在更深的层面上，这意味着你的价值感、目标感和稳定感都来自外部，只要你保持这种状态，就永远不能做真正的自己。

12 | 所以，如果你想摆脱这些外在的、表面的、肤浅的东西，你必须把注意力转向更重要的事情。

让其他事情比别人怎么看你更重要。这是最可靠的解决方案，也是最有效的解药，让你不再纠结自己够不够好。当你知道自己比别人眼中的你更有价值时，当你真正意识到你的生活比你的形象更重要时，其他人的那些看法就会被你抛到一边，变得无足轻重。你可以对它们视而不见，因为你只关注真正重要的东西：你自己，以及你能为这个世界做出的真正贡献。

— 第73篇 —

当你不知道下一步该怎样走的时候，问自己这10个问题

01 | 如果你拥有了想要的生活，明天会是什么样子？当你想象你想要的生活时，请专注于每天要做的事，不要忙着向别人宣布自己的志向。（“我想这样，我要做那个……”）如果你已经拥有了你想要的生活，那你明天会做什么？会和你现在做的有什么不同？依照这个愿景，你明天能实际开始做什么？

02 | 如果社交媒体不存在，你的做法会有什么不同？你会不会穿得和现在不一样？会不会对你住的地方感到不满？会在意你的房间是什么样子吗？如果没有那些隐藏在屏幕后面的网络暴民“监督”你，你会发表什么样的观点？什么对你最重要？你会做些什么？你想成为什么样的人？

03 | 如果没有人知道你要如何度过余生，你会做些什么？如果你的生活不带任何表演性质——如果你在做某件事的时候除了做这件事之外什么也得不到，你会怎么利用你的时间？你会对做什么感兴趣？ 什么能激励你？

04 | 如果你死于昨日，你最后悔的是什么？不要再想象如果明天你就会死去……如果你已经死了呢？你最后悔的是什么？你希望自己当初做了哪些没有做过的事，看到了哪些没有来得及看的东西，做出了何种不一样的反应？

05 | 如果让你选择五件对你最重要的事情，你会选什么？不管你是否意识到，你的生活基本上都是建立在你最关心的几件事上。如果不是这样，你会觉得生活失衡，甚至会觉得完全偏离了正轨。满足感就是追求我们真正珍视的东西。

06 | 在你的人生中，你是否感受到一种微妙的、无法解释的“推动力”？是什么给了你一种微妙的、无法解释的愉悦？你喜欢什么？——也许你不知道自己为什么喜欢它。这些都是需要注意的。因为它们都是真实的。你的大脑会对你认为自己喜欢的东西做出反应，而你的情绪会对真正让你产生共鸣的东西做出反应。

07 | 如果你知道没有人会评判你，你会怎样度过你的每一天？你会选择什么？ 会怎么做？

08 | 你现在最纠结的事情是什么？有趣的是，最困扰你的事情正是指明你下一步行动的信号。如果你最苦恼的问题是没有谈恋爱，那么你接下来可能至少需要尝试一下发展感情。你现在最纠结的事情会告诉你，你真正想要的是什么，你应该朝哪个方向前进。

09 | 此时此刻，你已经拥有了什么？人生中任何重大改变的原则都应该是“从你所在的地方开始，利用你所拥有的，做你所能做的”。

10 | 如果你的余生都要一直重复明天的生活，你会怎么做？或者换一种说法：如果你永远重复地活在今天，你会怎样？你能够完成些什么？你会全身心投入今天的工作吗？你会为你爱的人腾出时间吗？你会不会写一本书，会不会把钱用在有益的地方？你会不会穿自己喜欢的衣服，早起享受日出，吃你喜欢的美食？生命无定式。每个人都应该建立自己的日课，为自己喜欢的事留出时间和精力。你的习惯来自日复一日的积累，最后成为你自动的行为方式。想象一下你永远无法再成长，无法再摆脱现在的习惯，那会是怎样的情景——这是审视自己真实现状的最好办法。

— 第74篇 —

没有放手这回事，只是不得不接受已失去的事实

一切事物都是好的。

一切事的发生都是必然。一切事物都有存在的意义。

这算什么说法？你一定觉得很荒谬，无论你多么想把它当成真理，它都不可能是真的。

但又是什么让事情变得“糟糕”呢？是我们已经决定（或已经习惯于）相信“它是不对的”。我们有很多感觉——为什么有些好，有些坏？其中一些感觉告诉我们，我们正走在正确的道路上；还有一些感觉告诉我们，我们需要重新确定方向：如何做？何时做？在哪里？前者比后者好多少？后者不是更重要吗？

当我们对抗负面情绪时，负面情绪会变得更加严重。

如果我们不倾听自己的声音，不允许自己有任何感受——尤其是压抑那些令人不适的负面感受——我们就是在与它们对抗。其实这些感受可以为我们所用，向我们展示需要被治愈的部分，或者是我们的前进道路上需要转弯的地方，但因为我们的对抗，这些感受变成了“坏事”。

一件事对你来说是正确的，对另一个人来说就有可能是错误的；对你来说是好事，对另一个人来说就可能是悲剧。在世界不同地方

的教室里，教授历史的方式可能都不一样。当你意识到你可以定义“好”的标准时，你就开始解放自己了。因为每件事——即使是最难克服的事情——都可以是好的，只要我们主动去了解它们为什么会出现，它们要向我们展示什么。

无条件地爱一个人是很难得的事。爱的基础就是找到一个满足你的先决条件的人。当我们发现自己喜欢的人并不符合先决条件时，我们的感情就会开始动摇。这就是为什么最深厚的关系会变得脆弱——你认为对方完全应该知道你想要什么，需要什么，而一旦他不知道，你就会大吃一惊：你没有做我认为你应该做的事，你怎么能这样对我！

这不是真的爱一个人。如果不想分手，关键是要意识到引发矛盾的并不是我们是否爱一个人，而是我们有多认可对方为我们做的事。

我们在这方面很挑剔。我们说想要无条件的爱，想要得到幸福，但我们的行为却不是这样。当我们得到某个人或某样东西时，我们就想要爱和幸福。我们为什么会这样想？因为我们把选择幸福、努力构建幸福、追求幸福的责任交给了其他人。

要重新取得控制权，体现出你的自我，第一步就是要允许一切——允许爱，允许失去，允许人生有起伏。不要怀有任何意图，只是允许它们的存在。当我们允许自己正视这一切时，烦恼就会迅速消失。

道家思想认为“贵柔戒刚”：“人之生也柔弱，其死也坚强。草木之生也柔脆，其死也枯槁。”意思是人活着的时候身体很柔软，死亡时会变得僵硬。草木生长时是柔软的，死后就变得枯槁。因此，过刚易折，柔弱居上。

当我们的心变硬时，当我们的某些部分被阻塞，淤积着未经过滤的情绪时，我们只能被迫疏通它们。树木会被砍倒，尸体会腐烂。刚硬只能存在有限的一段时间。

大脑有一种机制，它只专注于最严重的痛苦，同时会封锁住其他痛苦。它将精力集中在最坚硬、阻塞最严重的部分，迫使我们面对它。

没有放手这回事，只有不得不接受已失去的事实。我们总是幻想自己能控制一切，在混乱中寻找幸福，即使这样做并不舒服。这种状态不会永远存在。但只要我们坚持下去，只要我们还在对抗，只要我们不接受有些东西已经失去，我们就会一直处于这种状态。

— 第 75 篇 —

你是一本写满故事的书

过去的你并不会影响将来的你。

我们必须思考对过去的自己来说什么是有意义的，才能为我们的未来规划道路。

基于这一点，我总结了三个自己和其他人的普遍的习惯。

第一，我们会在没有问题的地方制造问题。似乎我们需要克服很多困难，生命才有意义。幸福是我们必须有意识选择的东西。这并不是因为我们对自己有个设定，而是因为我们会受到他人（以及我们自己的设定）的制约，认为我们必须做到足够好。

第二，我们会避免太过完美的事情，如果一件事太完美，我们会有意破坏它。

第三，我们会在头脑中进行预演。每当我们要做出选择的时候，我们都会在心中想象各种选择的不同结局："毕业之后马上工作……毕业之后再接着深造……"其实，未来早在既往中预演，不过是换了剧本、场景而已。

但我们花这么长时间写的故事梗概，只是为了塑造一个我们已经不再扮演的角色。你不能给过去、现在和将来划清界限。你听过很多道理，知道它们都是对的，但如果将它们放在一起，你就无法理解。

你在人生中的某个阶段为自己勾勒的角色，总是觉得自己不配过更好的生活，你因此而避开了很多美好的事物。

当你避开或逃避时，你就在亲手结束幸福。

人生不是怀旧式的倒叙。人生是复杂多变的，真实而不可预测的。除了活在当下，此时，此地，我们的故事没有其他可能。我们甚至没有意识到，我们会有现在的经历，是基于我们潜意识中仍然持有的旧的信念。我们对自己的看法转化为我们所允许的，我们所允许的成为我们所经历的，而我们所经历的就是我们人生的全部。所有这些组成一本写满故事的书，这是一个完整的故事，不需要从一个故事过渡到下一个。这些故事也不需要以同样的方式呈现。它们有长有短，跌宕起伏，有时令人困惑，有时令人兴奋。

关键在于，故事的发展取决于你——你必须翻过旧的篇章，才能真正去书写新的篇章。

— 第76篇 —

各种迹象表明，这个世界正在经历意识上的转变

人类的发展不是一个直线进程，而是呈现出周期循环的模式。文明兴起，然后衰落；我们先发生显著的进化，然后是灾难降临。

地球上的草木枯荣、潮涨潮落取决于它在昼夜长短变化循环中的位置。每当它到达最接近宇宙中心的地方——能量最集中的地方——我们就一点点地接近觉醒。

当今世界正在发生一些有趣的事情。我们的集体意识在不断增强。我们对这个世界正在发生的事情有了更多了解（无论好坏），我们正在努力理解自身，正在学习处理自己的情绪，构建新的生活方式，以体现我们的价值。无论这些变化的原因是什么，它们对我们的每一天都有着以下影响。

01 | 人们开始认识到自身的力量。自我赋权、个性和自主性，被认为是拥有完整而充实的人生的基础。

02 | 积极心理学、情商、人格类型和其他关于自我认知的概念正变得越来越流行。在过去的15年里，积极心理学处于媒体宣传的巅峰，大五人格（The Big Five）、迈尔斯–布里格斯人格类型测验（Myers–

Briggs Type Indicator，简称MBTI)、占星术、九型人格(Enneagrams)等都显示出我们对自我认知的渴望。

03 | 社会公正问题前所未有地成为头条新闻，任何不相信人人平等的人都会被认为是“无知”的。当然，这不是历史上我们第一次想把自己从不平等的社会结构中解放出来，但在科技的帮助下，这是我们第一次认为平等和包容的观念才是健康的社会“规范”。

04 | 瑜伽和冥想风靡一时。就在几十年前，人们还会觉得这些事情很奇怪，但现在几乎到处都有瑜伽课，并且研究表明，冥想确实能改变大脑。

05 | 互联网出现之后，“常识”的范畴不断扩大。过去我们只了解我们学过的东西，现在我们几乎可以研究任何东西。主流媒体和自媒体让我们以创纪录的速度消化各种文章和思想。我们正在以前所未有的方式学习，而且比以往任何时候都学得更快。

06 | 人们对有机食品和顺势疗法产生了新的兴趣。人们突然开始关注转基因生物、抗生素以及我们的食物中所含的其他大量化学物质。

07 | 每个人都能发出自己的声音。过去，通过媒体发布的信息都是由少数人精心筛选出来的，而现在每个人都可以表达自己的观点。每个人都可以分享他们的想法。尽管这有时会给我们带来烦恼，但对于认识到人类是个共同体至关重要。

08 | 人们正在质疑这个社会体系，并学习独立思考。虽然有些言论比其他观点更有建设性，但我们还是会去求证，而不是将其作为“真理”来接受。

09 | 我们建立关系的基础是爱，而不是义务。结婚和养育孩子早已不再是“应该要做”的事。现在我们只会因为爱一个人才结婚，只会在有意愿的时候才生育。

10 | 我们公开而坦诚地谈论那些曾经被忽视的问题，比如抑郁、性侵等等。我们正在慢慢消除人们对罹患精神疾病和遭受性侵的羞耻感，并通过分享、讲述、培训和治疗，更多地了解那些需要帮助的人。

11 | 我们已经受够了目前的工作模式。我们认识到，工作到死并不能带来更好的生活；而且我们也意识到，我们为了生存，实质上成了资本主义的奴隶。虽然兼职工作、自由职业以及工作与生活的平衡正成为越来越流行的话题，但总体的工作模式仍然没有什么改变。

12 | 人们正变得越来越有直觉力。也更加有同理心、好奇心和见地，能够包容与自己不同的人。

13 | 我们正在认识到女性在这个社会遭受的不平等待遇。我们看到女性在社会上是如何被刻意压制的，以及这种不平等对我们的生活（和社会）的各个方面都在产生至关重要的影响。

14 | 我们正在消解性别二元对立。我们不再简单地用外表来定义自己——人们越来越接受真正的自我，而不仅仅是接受自己表面的样子。

15 | 我们越来越关心人类活动对自然气候的影响。但我们依然只是把地球当作一个物体，而不是一个真实的、有生命的实体。

16 | 我们正在应对长期压抑情绪所产生的影响。在过去五年左右的时间里，你或你的朋友、家人或多或少都会经历生活以及个人方面的剧烈变化！我们并不只是遇到困难并克服困难，而是遇到困难后学习到了一些更深层次的东西。

— 第77篇 —

不去感觉伤害，你就不曾受到伤害

痛苦是一个必要的恶魔。

但这种必要指的不是我们必须在某个时期经受它，不是说我们只能扮演被动的角色。这句话的意思是：痛苦是我们自身缺乏成长的结果，是一种催化剂，它向我们发出信号，告诉我们还有更多的事情要做。也就是说，我们可以控制痛苦，如果我们允许，我们也可以创造痛苦，体验痛苦，允许自己未被治愈的那部分控制其他一切。如果我们没有意识到这一点，没有意识到痛苦的起源，以为解决方法来自外部，那我们就会开始相信自己应当经受痛苦。

我们每个人都可以回忆起这样的例子：只是因为莫名的担心和毫无理由的偏执，我们毁掉了本来很顺利的一天。出于某些必要原因，我们强迫自己恐慌。如果没有原因，我们就尽力去找。

这种假定是从哪里来的？它通常与被抑制的情绪有很大关系。我们不断地积累这些无法接纳或处理的感受，它们成为我们自我信念形成的基础。只要我们认同什么是“不对”的，并允许自己被这种认同制约（朋友对我们的抨击往往只是他们自己的问题向外界的投射；一个失败的机会通常是为了给一个更合适的机会开路），我们就会产生自我怀疑。关键要意识到，这是我们自己造成的。

我们太容易受到外部环境的影响。当我们处于可以激活某种记忆的环境中，触发一个未治愈、未解决的问题时，我们不会停下来客观地审视，而是会抱怨这些让问题恶化的外部因素。

我们不能被痛苦支配，不能被强迫性的、非自主的想法支配。这样做就是在允许这种情绪渗透到我们的意识中，并转化成我们当前的体验，把过去投射到现在。

实际上，你的体验并不符合当前的情况，只是你内心想象的一种主观投射——你认为在这种情况下，你应该痛苦。

具有讽刺意味的是，痛苦的反面不是快乐，而是接纳。对抗痛苦只会火上浇油，会让你回到最初压抑它的状态。

我们很难相信自己值得拥有幸福，所以我们不断吸引和制造痛苦。这种矛盾思想是符合人性的，但我们有必要超越它。

正如马可·奥勒留所说：选择不被伤害，你就不会感觉到伤害。不去感觉伤害，你就不曾受到伤害。

第78篇

独处时发现的事

孤独只是一个概念。

它在暗示你与周围的人失去了连接。当你需要依靠互动来理解和接纳自己时，它就会出现。

因为在互动中，别人如何对待你并没有那么重要，更重要的是你如何根据别人的态度来看待自己。这与我们周围有多少人，他们给予我们多少爱无关；重要的是他们的爱对我们意味着什么，以及这些爱会如何改变我们的心态。他人的陪伴似乎强化了共性和沟通的重要性，同时也意味着你不仅需要别人的陪伴，还需要他们的认可和接受。

可能你在一个人声鼎沸的房间里会更加感到孤独，在独处的时候反而更有连接感。

我们独立存在的程度，或者说我们意识到自身独立存在的程度，决定了我们“孤独”的程度。本质上，你认为自己多孤独，你就有多孤独。

不要再认为独处就意味着孤独。独处是一种神圣的安逸时刻，你会发现一些奇妙的、不可思议的事情。这需要你停下手头的工作，回归自我，不再为了别人扮演某个角色，不再继续用这样的角色来定义自己，不再用社会的眼光看待自己，不再通过比较来判断自己。独处时你可以放空自己，保持内心的平静；也可以静下心来与自己对话，认真思考人生。

你开始用一种比语言更深刻、更透彻、更容易理解的方式与自己交流。正如赫胥黎曾经说过的那样："尽管有语言，尽管有智慧、直觉和同理心，人还是永远无法真正与人交流。每一种思想和感觉的本质仍然是无法交流的，被锁在个人灵魂和肉体的牢不可破的密室里。我们的生活就是终身的单独监禁。"

不过这不是一件坏事。

它让你知道自己是谁，让你不再只是他人眼中的他人。你只属于你自己。在日常生活中，你那些机械的做法完全只是为了让你能够被周围的世界"接受"；这些行为不是发自内心，反而让你失去和自己的连接。

独处是最重要的练习。它让你保持本来的样子，帮助你摆脱你自以为应该成为的样子。它会让你不安，同时又让你自由，因为它让你独立地审视自己——我是谁，我在做什么。更重要的是，它让你独立地去审视作为一个人的真正本质。

当你孤独的时候，你才会去创造，去体会，这是最有价值的。

— 第79篇 —

如何培养没有焦虑问题的孩子

大多数人并不认为自己在拼命控制情绪，因为他们不会有意识地思考自己的感受。相反，他们只考虑怎样表现是“正确”的，这样他们就完全不需要去感受了。

他们想象着最糟糕的噩梦成为现实。他们不停地焦虑要赚多少钱才能“成功”，必须控制多少饮食才能保持身材，反复琢磨别人的反应，以便让自己的行为更加讨人喜欢。他们很在意自己在社交媒体上的表现、自己的家布置得是否漂亮、自己的言谈举止是否得体。

他们利用恐惧监督自己保持完美形象。

大多数焦虑和恐慌的根源，是对经历焦虑和恐慌的恐惧。我们否认自己的感受，不是拒绝去感受，而是利用其他的东西来压制它。当我们一心只想要控制结果，降低风险，确保自己不经历任何糟糕的事情时，我们就没有了完整的人生，只剩下支离破碎的自我。

这种情感解离的状态始于童年时期，是我们因为负面情绪而受到惩罚的结果。孩子不知道如何调节情绪。他们不理解这些，就像他们不理解自己的身体是如何运转的，不理解什么是餐桌礼仪，也不知道如何尊重他人。他们必须接受教导，但很多时候，没有人告诉他们该怎么做。

相反，孩子们接受的教导是：真实的表达会让他们受到惩罚，于是压抑情绪的循环由此开始。他们知道，当他们表现出“积极情绪”的时候，父母会更爱他们。于是他们把自己担心不被接受的负面情绪隐藏了起来。

孩子出现这样的反应，是因为没有从亲子关系中得到安抚。如果父母不是无条件地爱他们，他们就会试图迎合父母，或者以出格的行为引起父母的注意，以为这样就能得到爱。不幸的是，在这个过程中，他们调节负面情绪的能力越来越差，开始建立起解离的防御机制，完全忘记了自己的本来面貌，而是让别人来定义自己。

这样的孩子长大后就变成了焦虑的成年人，开始在关系中传递焦虑，动辄指责他人，不擅长社交，总想控制周围的一切。这是因为他们童年时是父母焦虑的承接者，不敢表达“负面情绪”，唯恐引发父母的不适和焦虑。这种不健康的亲子养育模式会一代代地传承下去。

如果在童年时，我们的感受总是能获得父母的理解和抚慰，无论那是什么感受，我们长大以后就不容易陷入抑郁或焦虑。如果父母在孩子产生负面情绪或情绪崩溃时，以成年人的同理心、爱心和耐心去抚慰和支持孩子，孩子也会内化父母的人格特性，开始学会自己处理情绪。孩子长大后就会建立起这样的信念：无论我有什么样的情绪，总是有人接纳我；无论我产生什么样的感受，都是对的。

童年经历的一切把我们塑造成今天的样子，这是人类发展的基本模式。我们可以将自我认知当作礼物，送给我们的孩子，孩子再送给他们的孩子以及之后的一代又一代的孩子，但首先，我们要将这份礼物送给自己。（所有的事情都是如此。）

— 第 80 篇 —

痛苦是一种提醒，告诉你有些重要的东西需要学习

快乐不能治愈痛苦。这是最大的心理误区之一。快乐不能治愈痛苦，因为快乐和痛苦曾被认为是一个光谱上的两个极端。但神经学家发现，我们的大脑产生快乐和痛苦的区域是重叠的。被称为“快乐分子”的多巴胺能给我们带来快乐，但当我们的大脑已经习惯了之前多巴胺带来的欣快感时，一旦中断，就会带来痛苦。英国哲学家艾伦·沃茨（Alan Walts）说，人类的意识必须同时包含快乐和痛苦，如果我们为了摆脱痛苦去寻求快乐，这样做的后果就是丧失意识。意识的每一次增强都需要付出代价，如果不对痛苦更敏感 ，我们也无法对快乐变得更敏感。

人们经常说，如果没有雨天，你就无法欣赏晴天。事实是，如果没有雨天，晴天就不会存在。这就是所谓的双重性。我们的身体有双重性：我们的肺、心脏、生殖腺，它们能够正常运转，都是因为它们有相反且相同的另一半。自然也是如此：它通过创造和毁灭的循环来维持运转。人类也是如此。没有好就没有坏，没有高就没有低，没有生就没有死。问题不在于痛苦的存在，而在于无法看到它的意义。

我们相信“幸福”是一直保持感觉“良好”的状态。正是因为这样的信念，我们才不幸福。幸福的人不是一直感觉良好的人；他们能

够得到负面情绪的指引，而不是被负面情绪击垮。

幸福不是“你感觉有多好”，而是你为什么感觉到它。建立在意义和目标上的人生感觉很好，建立在贪婪和自私上的人生感觉也会很好，然而前者比后者更好。为什么？贪婪和自私是通过寻求快感来消除痛苦，意义和目标驱动的工作或意识形态是接受痛苦并选择与之合作，而不是对抗痛苦；后者是破坏性的，没有成就感，前者要付出艰辛的努力，却是值得的。

* * *

我们的痛苦可以为我们所用。它是至关重要的指引力量。当我们忽视痛苦时，它就开始滋生。想象一下：如果你把手放在燃烧的炉火上，会发生什么？你感到疼痛是因为你的身体在向你发出信号，让你的手在被烫伤之前从炉火上移开。我们的情绪也是如此。只不过我们更清楚把手放在炉火上会有怎样的后果，却不知道痛苦情绪的后果。

我们将痛苦视作幸福的对立面，而不是创造幸福的关键因素。

要解决这个问题，首先要了解我们并不是天生要避免痛苦。事实上，很多我们以为自己想要的东西其实根本就不是我们想要的。（那些被我们视作偶像的富有或“成功”的人，都是一些情感空虚和不满足的人。）

其次，将我们的目标从想要超越痛苦转变为追求更中性的情绪值。一些人称之为“基线”。我们通常会避免调整我们的心理/情绪感受能力，因为这样做会消除获得“快感”的可能性。我们认为应该放弃那些难以置信的梦想和希望，实际上，我们要放弃的只是它们会持续带来幸福的幻觉，这样才有利于我们改变观念，真正得到幸福。

用最简单的词来形容，我们把这称为平和：既没有追求极致的欲望，也不担心跌入低谷。当你把基线从“生存”调整为“生长”，并摆脱对结果的执着时，你就可以享受每一天给你带来的收获。

一旦你从追逐幸福的比赛中退出，你就会意识到，你从来都不是在奔向更好的东西，你只是在试图超越自己。你也会意识到，正是因为痛苦，你才能够理解这一点。

— 第81篇 —

所有的关系，其实都是你和自己的关系

有趣的是，人类是唯一（已知的）会与自己建立关系的物种，而更有趣的是，人类是唯一通过他人与自己建立关系的物种。

也就是说，我们对他人心态的看法很大程度上也决定了我们如何看待自己。

是什么让我们在爱情和友情中连接在一起？是熟悉的感觉。你们发自内心地理解彼此的感受。这并不只是能够在别人身上看到自己，更重要的是，当你知道别人无论如何都爱你、接受你、认可你时，你就能改变你的心理状态。你也可以对别人这样做。

最有意义的关系往往是那些完全能投射自己的关系，因为这就是关系的作用：打开我们的心扉。这也是我们在基本生存之外的关键问题：我们与他人的关系如何。我们与自己的关系如何。

当我们感觉到被理解时，当我们认为对方的观点与我们想要听到的、相信的观点一致时，我们最能感受到被爱。当我们认为对方高度认可我们时，我们最能感受到被爱。

这就是为什么我们不需要得到所有人的肯定，但必须得到被我们赋予了意义的人的肯定——我们已经和他有了身体或精神上的连接，将他视为伴侣，以及能够理解我们、和我们高度相似的人。

“先爱你自己”，这句话强调的其实不是爱自己，而是你的内心足够安稳，不会受到你假设的他人看法的影响。

在一段关系中，如果你总是通过分析、揣摩对方的行为、态度、言语等细节来决定自我感受，因为对方的一些行为变化陷入猜测，以至产生自我怀疑，自我厌恶，这说明你的立足点在对方身上，既想掌控他人，但又无法掌控，于是开始精神内耗。当你察觉到对方不再爱你，转而去爱别人时，你的内心世界就会完全崩塌。

我们能做的是把立足点放在自身，只关注自己想要什么。你所拥有的每一段关系都是和你自己的关系。每一个让你觉得自己回到了“家”的人都只是让你回到了自己身边。关系本身不需要处理，真正需要认真对待和处理的，是你自己内在的问题。

在旅程的终点，你找到的永远是你自己。你越早立足于自身，就越不需要别人来填补空虚。（你不能指望别人来填充你的破碎之处，使你变得完整。）你越早立足于自身，其他人的行为就越不会对你产生负面影响——你的心态不受他们影响，你不依赖他们，你在这段关系中就会变得主动从容。

— 第82篇 —

让你和别人关系更紧密的15个方法

01 | 和他们一起共度周日。不是周六晚上的聚会，那太吵闹，大家都是为了社交而来。和他们一起享受周日的早晨，感受宿醉后的疲惫，一起度过没有计划的一天。一起吃早餐，不必化妆，无须伪装，互相袒露最真实的自己。

02 | 保持令人舒适的沉默。一起开很长时间的车，大家都静静的，不说话，体会那种自然的沉默状态，就是体会他们生命中最私密的部分。

03 | 感觉不好的时候给他们打电话。接受他们的承诺——无论发生什么都会在你身边。告诉他们真相。让他们安慰和鼓励你。告诉他们，如果他们需要你，你也会在他们身边。记得要信守承诺。

04 | 腾出时间和他们聊天。安静地倾听他们说话。不要着急说话，不要看手机，也不要四处张望。专注在他们身上——没有什么比这更珍贵、更神圣、更稀有的了。

05 | 讨论彼此的想法。说说你的信仰。说说你对生死的看法或者你们未来五年的命运。不要再议论人、事或者不停抱怨。

06 | 阅读彼此喜欢的书。交换你们的个人书籍——那些画了线、做了标记的，因为翻了太多次，书页几乎散掉的书。和他们分享一些能开拓你的视野，充实你的心灵的东西。

07 | 一起创造。创办一个小公司，写一个故事，画几幅画，一起去旅行，或者重新装修你们各自的厨房。齐心协力，彼此合作，完成一些更伟大的“事业”。

08 | 注意细节。注意他们经常对什么感到烦恼，他们最喜欢的冰激凌是什么味道的。了解他们在那家墨西哥快餐店订了些什么，这样你就可以给他们一个惊喜。不是每个人都天生注重细节，所以你要刻意去关注。他们因此对你产生的好感会超出你的想象。

09 | 一起参加对方的宗教仪式/冥想练习。为了理解他们，在某个周日去教堂做礼拜，或者向他们展示你是如何冥想的，或者问他们信仰什么以及为什么有这样的信仰。让他们成为你的向导，带你去了解你不知道的事情。了解他人的文化、宗教或生活方式，因为爱而谋求共存，这绝对是一件了不起的事情。

10 | 计划一次短途旅行。不需要精心安排或花一大笔钱。比如去附近的城市逛一天或者去远足。提前计划，这样你就有了期待。

11 | 让他们融入你的其他社交圈子。把你的各路朋友聚在一起喝点酒，哪怕他们之间没有任何共同点。把生活中所有不同的部分集中在一起，是一件非常有亲密感、有特别意义的事情。

12 | 经常出席朋友的重要活动。去参加他们给孩子办的满月宴，他们的艺术个展、毕业典礼和搬家庆祝会，但不是因为那是“好朋友/男朋友/女朋友应该做的事”，而是因为你像关心自己的幸福一样关心别人的幸福。

13 | 安排你们的卧谈时间。年纪越大，就越不方便聊到凌晨三点。（还有工作要做，要做家务，要陪孩子……）所以，如果有必要就提前做计划。做好去朋友家过夜的准备，这样你们就可以聊个通宵，第二天再睡个懒觉，就像中学时那样。

14 | 谈谈你的家庭和成长经历。只有了解一个人生活的本源，才会真正了解这个人。

15 | 不要滤镜。不要拐弯抹角，也不要修饰你的观点，或者只呈现你认为“可以被接受”的那一面。如果他们不喜欢完整的你，不喜欢真实的你，那说明他们不适合你。更重要的是，当人们感受到你的真诚时，会视为一种暗示，表明他们也可以做真正的自己。

第83篇

你值得拥有更多的幸福

如果所有伟大的事情都是由一系列的小事组合而成，那么伟大的人生就是由一系列的微小时刻组合而成，而我们错过了大部分的微小时刻，只因为我们忙着写大纲，而不是具体的章节和段落。

这就好像我们活着就是为了写悼词一样。我们获得学位，组成家庭，渴望精彩的故事就此展开，但这只是我们会讲给自己的故事。人们会记住的，是我们是谁，我们爱过谁，以及我们如何活在当下，其余那些具有里程碑意义的事情并不重要——也许它们从来都不重要。

总有一项艰巨的任务需要完成，总有一份任务清单，上面不包括我们真正想做的事情——那些不是为了工作，不是为了荣誉，不是出于责任，只是因为想要获得幸福而做的事情。但矛盾的是，要得到幸福，我们就需要再一次晋升，再一次付诸行动，再一次投入热爱。

但是我们没有。我们没有选择幸福。因为我们自认为配不上。我们不断寻找，不断努力，仿佛明天我们就能实现所有这些梦想和对自己的承诺。而现实是，除非我们今天就改变，否则我们将永远活在对明天的承诺中。那些都会变成白日梦，变成不存在的愿景和希望。当你开始思考过去或未来的时候，要意识到这只是对一件事的想法，一个发生在当下的想法。而我们的现在因为这个想法被错过了。

明天永远不会改变我们。我们的工作永远不会改变我们。我们与他人的关系也不会。我们的问题会随着我们生活中各种事情的变化而变化。而我们面对的问题只是反映出我们真正有什么问题，我们讨厌的人反映出我们的不安全感。不管发生多少事，我们都会为同样的问题而烦恼，以同样的理由厌恶同样的人，却从未意识到我们厌恶的并不是他们，而是我们自己的一部分——是他们迫使我们认识到了这一点。

不要再为了别人对你的印象而活。不要再生活在你认为别人会喜欢的故事里，那是空洞的、没有生命的故事，它会夺走你努力追求的东西。最重要的是，你要做让你幸福的事情——你要明白你的幸福是你的选择，也是你的责任。它不是某一天、一份工作、一段关系或一次改变，它就是现在。你唯一要做的是清除你实现梦想的障碍。唯一需要改变的就是你。

那些数不清的微小时刻才是最重要的。不是要有一份工作，而是要拥有自己想要的生活；不是要有学位，而是在夜深人静时，你终于不再感到孤独；不是要建立恋爱关系，而是要真正拥有一段感情；不是过一种可以做出漂亮总结的生活，而是拥有另一种生活，在这种生活中，无数的瞬间相互连接，彼此印证，你循着它们前行，于是拥有了更多。

你没有机会听到别人讲你的故事，读你的悼词，你只能在此时了解你的故事。

— 第84篇 —

独立思考的8个步骤

你一天中产生的大多数想法都不是独一无二的，也不是自发的。我们的大脑就像电脑程序：接收、复制并传达被输入的内容。

很少有人意识到自己的思维受到了多么大的限制，他们认为自己的想法和随后的感受都是他们自身的一部分（所以他们总是充满激情地为自己辩护）。学会独立思考是你必须有意识去做的事，但很少有人会这样做。假设你每次只分析一个想法（或观点），以下是一些参考步骤。

01｜了解这个观点的来源。

举个例子，如果你记得自己在二年级的时候听到父母说，任何不反对堕胎的人都是杀人犯，作为一个7岁的孩子，你可能对此有非常强烈的反应。弄清楚你的想法、观念和信仰的起源，你会发现它们往往不是你自己意识到或主动发现的，而是别人强加给你的。

02｜判断你的证据是基于情感还是基于理性。

支持你的观点或想法的论据是什么？如果它们是基于情感，这些情感是你的还是别人的？如果两者都不是，那么为你的观点提供依据的事实是什么？

03｜问问自己，这个观点会对谁有利。

除了你或者全人类的普遍利益，这个观点还会对其他人（或任何事物）有利吗？

04｜思考一下为什么反对的观点可能是对的。

这可能是最关键的部分，但有能力思考和讨论反对的观点而不感到愤怒的人却很少。（当我们对自己的观点认同太深时就会发生这种情况。）不管怎样，试着认真地理解反对观点的逻辑和原因，不要急于做出判断。

05｜看清楚自己对一个观点的感觉，以及为什么会有这种感觉。

除非你是一名训练有素的专家，否则你对一个观点的任何强烈情感都是个人化的（这种情感使你远离了客观和现实）。要想真正了解一个细微的问题，并对它产生真正极其强烈的感觉，需要多年的时间和非同寻常的大量研究（至少要达到博士生水平）。

06｜研究。

如果你像自己声称的那样对一个观点充满热情，那就研究它，并确保你的想法是有根据的。首先要关注一些著名的媒体、有公信力的新闻来源以及研究中心，随时了解这方面的最新发现和讨论。

07｜问问自己，如果世界上每个人都像你这样想，结果会是怎样的。

这是确定一个想法是否只对你自己有利的最好方法。

08｜设想一下你最真实的自我：如果不是这样想，那个我会怎么想？

想象一下最好的自己会对某个问题说些什么。如果你想知道应该如何转变你的思维模式，这是一个很好的方法。

第85篇

我们为什么会选择去爱那些不能给我们爱的回报的人

恋爱的目的不是得到完美无缺的爱，也不是永远被爱，更不是让我们的每一个奇想和愿望都得到满足和实现。恋爱不是完成任务，也不是让我们从中得到能量。恋爱的目的并不是让全世界对你说："你是有价值的，有个人可以证明这一点。"

恋爱的目的是完整地看到我们自己，看到我们在其他情况下无法觉察的那些部分。恋爱的目的就是让我们狂喜或者摧毁我们，这样我们就能知道是什么让我们生气、激动、兴奋，以及我们需要在什么地方给予自己爱。恋爱的目的不是修复我们，治愈我们，或者让我们完整和幸福，而是告诉我们哪里需要修复，哪些部分仍然存在缺陷。还有一点，也许是最残酷的：除了我们自己，没有人能完成这项工作，也没有人能让我们幸福。

我们选择去爱那些不能给我们爱的回报的人，是为了让自己知道，其实我们是值得被爱的。我们选择这些人是因为他们代表了我们不爱自己的那部分——不然我们为什么要在那些不会回报我们爱的人身上浪费时间呢？ 我们选择爱这些人，因为他们是唯一与我们共享亲密关系的人。只有足够深层次的连接才能唤醒和照亮我们内心最黑暗的角落，只有他们能离开我们，让我们做我们应该做的事：下定决心，依靠自己，面对并治愈那些黑暗中的创伤。

人们纠结的不是爱的本质，而是爱的目的。我们大部分的不安仅仅是因为从来没有人告诉我们，爱会不断伤害我们，而我们会一次又一次地飞蛾扑火。

* * *

当我们以为爱已经失去，当我们做好准备，当我们清理了创伤和碎片，当我们知道爱自己意味着什么时，我们真正的挚爱才会出现。正是在这个过程中，我们认识到爱是分享我们已经拥有的，而不是依靠别人给我们补充。我们意识到爱那些不能给我们爱的回报的人是多么重要。他们从来都不是故意的，剩下的只是取决于我们要多久才能意识到这一点。

— 第 *86* 篇 —

并非每个人都会以你能理解的方式爱你

我们总是在纠结这样的问题：我们配得上自己得到的爱吗？这份爱配得上我们的付出吗？还有我们理解爱、期望爱的方式，所有这些都给我们带来压力，压力变成摩擦，无数摩擦让我们冲突不断。

对很多人来说，重要的不是他们是否爱上了某个人——这在恋爱中只是一件小事，重要的是他们有多爱那个人。他们总是被告知，可能性还有很多：他们还很年轻；也许会有更完美的人出现，要比他们现在拥有的人更好；外面的世界可能有更合适的人；前任似乎更好；距离会带来疏远；现在的时机也许不对。

不得不承认，我们都曾经动摇过，在爱一个人和想要做出其他选择之间来回摇摆。

你必须意识到，我们内心的挣扎常常是因为即使我们爱着他，但仍会离开他；即使我们爱着他，但仍会与他对抗；即使我们爱着他，但仍会对他说狠话。这一切都不是因为不够爱。所有这些事情都可以同时存在。

爱也不能从根本上治愈伤痛，而只能暂时掩盖它。

我们可以期望我们的心能够容纳不止一件事，不止一个人，不止一种感觉，但我们不能期望它们都能完美地共存。因为爱，你的心开始向世界打开。爱让你成长，不过这种成长并不会消除之前存在的一切。

所以事情并不总是像我们想象的那样。我们的内心有隐藏的空间，当爱在我们的这些部分产生共鸣时，有时就会呈现出不同的样子。

有些人的爱是默默的。有些人明明爱着，却没有意识到——有些爱看起来根本不像爱。它有时被恐惧掩盖，有时被迫变成宽恕，有时又表现为一次又一次的愤怒和失望。在某人离开后，有时你不想再看他一眼，有时又止不住地思念他，但无论怎样，大多数时候你都无法告诉他。爱有时会变成惩罚，就像那些试图强迫我们服从的父母，没有意识到不能通过羞辱让一个人做出改变。实际上，表达愤怒是表达自我的一种机制，那并不是爱。即使我们找到一个适合我们的人，我们本质上依然是不完整的。我们必须自己填补心中的空白。没有人可以为我们做到这一点。

你最终会意识到，成就你的是爱，而不是失去爱的痛苦。而且那不是某个人没有给予你的爱，那是你必须在自己身上找到的爱。

唯一重要的是，我们要放手，让爱做它应该做的事：给予我们更多的爱。这意味着我们必须为自己争取爱。有时候，我们选择那个能让我们看到自己隐藏的一面的人。有时候，我们选择那个会伤害我们的人。或许只有这样，我们才能了解自己的内心，如果我们要爱自己，这往往就是最诚实、最有效的方式。

第87篇

如何驯服你内心的魔鬼

我曾经以为，要驯服内心的魔鬼，就需要超越它。我曾经相信，只要我能无视那些折磨我的、关于“我不够好”的想法，它们就会消失，这当然是因为我们内心的魔鬼并非现实存在。

我们内心的魔鬼会攻击我们的痛处。我们害怕别人把我们看成什么样子，魔鬼就会不断把我们描述成那种样子。它把我们困在一个地方——在那里，别人的看法就是事实，当然，那些看法其实只是那些人的自我投射，而这些“事实”却要由我们承受。

我以为，只要我不再用分析的方式看待我的人生，开始作为独立的自我去体验人生，去思考和感受，魔鬼就会消失。但我逐渐意识到，我的每一部分都必须协同工作。当我做一些需要思考和处理的事情时，我便又回到了起点。

这件事的解药是认知。一旦你意识到你的想法来自一个非理性和充满恐惧的地方，你就迈出了让魔鬼沉默的第一步。一旦你发现你不必听从那个声音，你就不会再被它控制。

你会开始明白，自我怀疑是人之常情。非理性的恐惧也是如此。这事一点都不奇怪，也没有错。它只是人的天性。但如果我们想要超越它，就必须把它丢在身后，做出选择。选择买什么东西，如何安排一天，花时间做些什么，赋予什么价值和意义以及赋予多少。

我们的脑海中总是会不断出现消极的想法，而我们越是允许自己被这些想法长久地占据，就越会不断巩固这些信念，最终让它们变成现实。

这并不是说终有一天我们再也不会对自己做出评判，再也不在乎别人的想法，哪怕一丝一毫都不在意。人性的这些特点是普遍存在的，从未有过改变。所以我们必须为自己做出选择。我们不可能不在乎那个魔鬼，也不可能不听它的声音。关键是我们会不会根据它的声音采取行动。

— 第 88 篇 —

我们为什么会拒绝积极思维

人们潜意识里对积极思维有很多偏见，经过长时间积累，这些偏见会强化你的消极信念。要转换到一个更积极的心态，首先需要度过第一段充满愤怒的怀疑期。以下是我们拒绝积极思维的其他一些原因。

01 | 我们认为它过于天真。

我们错误地将“消极”与“深度”联系在一起，因此觉得消极（或缺乏热情、情绪低落、被动心态）也是“酷”的表现（这就是“丧文化”流行的原因吧）。

02 | 我们不断强化自己潜意识中的消极信念。

个人信仰的本质是“经验向我们证明的事实”。于是我们会下意识地寻找证据来证明我们认同的消极想法，尽管这根本是不可能的。

03｜我们天生就会被世界上的消极事物吸引，因为我们不了解它们。

我们不了解痛苦和消极的目的或原因，觉得它们是未知和神秘的，因此会格外关注。当一件难以理解的事情又极具吸引力时，我们就会对它格外着迷。这种关注又会不断助长它的影响。

— 第89篇 —

不抵抗的哲学：“顺其自然”和“逆来顺受”的区别

当西方禅宗在20世纪50年代开始复兴时（很多人认为是英国哲学家艾伦·沃茨的工作引发了这场运动），它所呈现的正好符合古代教义对人类的期望：将教义融入我们的生活方式。然而，在传播过程中，其中的精髓丢失了。我们开始从小我的角度来解释灵性，而小我的本质是“需要更多”。

以不抵抗的概念为例。从我们的理解来看，它是有意识地放弃对结果的期望和执念（佛家认为这是一切痛苦的根源）。然而，我们并不真正了解不抵抗意味着什么，所以我们把它视为一种“自我投降”，由此引申，我们便将关于“放手”的想法放大为“放弃对生活的控制，允许任何事情发生，无论结果会有多么可怕”。这就是为什么人们会误以为“灵性是被动和懒惰的”。

实际上，不抵抗就是在你能控制的和不能控制的事情之间找到一个很好的平衡，就是接纳一切应如是。打个比方，就是要顺流而下，而不是逆水行舟。这并不意味着要放弃所有控制和努力，只是要顺势而为。不抵抗不是要求我们对生活中发生的“任何事情”逆来顺受。要知道如何施加控制，并认识到“水流”的强大力量。我们要么准备一场注定会输的战斗，要么顺其自然。

— 第 90 篇 —

当你觉得自己不值得被好好对待的时候，你尤其要对自己好一点

我们相信，对自己残忍是一种自我保护的策略。我们总是挑出自己的缺点，反思自己的不足，并预测别人会抓住我们的漏洞，但这样做从未使我们变得更强大，我们也不会因为提前想到了就能对别人的行为免疫。哪怕我们知道别人会怎么评价，也没办法做出防御。

无论你是否符合其他人的价值观，他们都决定不了你的价值。你必须对自己好一点，即使是在你觉得自己不值得被好好对待的时候——也可以说，尤其是在这种时候。

人们的观点，尤其是消极的观点，在很大程度上源于他们知道自己没有什么和做不了什么。说到底，你不能把自我价值建立在别人的不安全感上，而要建立在你自己的信念上。我们会与自己对抗的真正原因并不是认为自己没有价值，而是害怕被别人伤害。

真正能治愈自己或者找到某种满足感的唯一方法，就是像一个爱你的人那样对待你自己。比如今天，我在写作中遇到了很大的困难，对自己失去了信心（生活总是会这样），我打算给我的一个朋友发消息——她一直都鼓励我，要我继续写下去——但我忽然意识到：为什么我不能告诉自己她会说什么？为什么我要等着别人告诉我这些话？这不是说我不应该感激她的鼓励，但为什么我要把别人的想法和

意见看得比自己的更重要呢？

这是一种心态上的转变。告诉自己，你是有选择的——选择寻求帮助，选择离开，选择结束一段关系，选择重拾旧情。告诉自己，好好吃一顿，睡个好觉。温柔地提醒自己，你会没事的。这不是空洞的安慰，因为我们最终都会“没事的”。

— 第 91 篇 —

15种最常见的认知扭曲

好好思考就是客观地、实事求是地思考。人类的大脑天生就有肯定自己的功能。我们的大脑设定的程序就是找到支持我们最想相信的东西的证据。如果我们不能清楚地了解自己的潜意识，我们就会把它当成最可信的证据。如果我们从小就相信自己是社会边缘人，我们就会一直寻找这方面的证据，证明我们确实遭到同辈的排斥。

像大多数事情一样，认知扭曲很容易形成模式。1981年，马修·麦凯博士、玛莎·戴维斯博士和帕特里克·范宁准确地描述了它们，以及它们的表现形式。[①]

以下就是十五种最常见的认知扭曲。

01 | 心理过滤。只关注负面信息，放大消极的方面，同时过滤掉积极的方面。单单挑出一个负面细节反复回味，因此，这个事件就变得比实际更严重、更可怕，你会觉得整个世界都是消极的（其实

① 马修·麦凯（Matthew Mckay）、玛莎·戴维斯（Martha Davis）、帕特里克·范宁（Patrick Fanning）：《想法和感受：掌控你的情绪和人生》（*Thoughts and Feelings: Taking Control of Your Moods and Your Life*）。

也有可能是更好的），陷入“选择性失明”。

02 | 非黑即白。这种扭曲的表现形式是两极分化。事情不是好就是坏，不是对就是错，没有灰色地带。这是站在极端的角度感知一切，对灰色地带视而不见。这往往在自我认知中表现得最为强烈——你要么是完美的，要么是失败的。

03 | 过度概括。你总是根据单一的证据或单一的经验得出结论。如果坏事发生过一次，出于对它会再次发生的恐惧，你就认定它会再次发生，这样你就可以“做好准备”。有这种思维方式的人经常使用“总是”或“从不”之类的语言来说明一个问题。这种扭曲会导致生活受到限制，因为你会把一次失败看成永远的失败，于是不敢再次尝试。

04 | 读心式思维。你认为自己知道别人的感受和他们做某件事的原因，觉得别人都在戴着有色眼镜看你。但这些想法通常都是你自己的猜测和偏见。在一些特定的情况下，只有当别人和你有同样的感受和同样的反应时，你才能理解他们，因为你对其他任何事情都不了解。

05 | 灾难化思维。你总是假设会发生最坏的事情，把随机情况想象成灾难性后果的预兆。这是一种不自信——不相信自己有能力适应变化。你会觉得，如果你总能想象到最坏的情况，就没有什么能让你感到震惊和不知所措。

06 | 个人化思维。把所有不愉快的事都跟自己扯上关系，认为都是自己的错。你认为人们的一言一行或者任何暗示都只是为了支持或反对你。这是因为你没有意识到在自己能触达的范围之外还存在着更广阔的世界。这种思维的其他症状还包括试图将自己与他人进行比较，最终觉得自己一无是处。其中的基本思维错误是，你把每一次经历、每一次对话、每一个眼神都解读为你的价值所在。

07 | 控制谬误。控制谬误有两种表现方式：要么你感到被外部控制（你认为自己是无助的，或者是命运的牺牲品）；要么你感到被内部控制，这意味着你认为自己要对周围所有人的痛苦和幸福负责。这两种情况的产生原因通常都是你没有以健康、有效的方式掌控自己的人生。

08 | 公平谬误。你认为你知道什么是公平、正确和公正，唯一的问题是其他人不同意你的观点。你不理解为什么同时可以有多种真理共存。由于你只把自己的观点看成正确的（你的经验证明它们是正确的），你就认为它们对其他人来说也是正确的，相信只要他们接受你的观点，他们的问题就会得到解决。

09 | 责备。你责备外界，认为每个人和每件事都应该对你的痛苦负责。或者反过来，你因为出现的每一个问题责备自己。不管怎样，让某人或某事对某个问题负责，就是一种认知扭曲。

10 | 理所应当。关于人们应该做什么，不应该做什么，你有一系列规则。在你成长的过程中，你认为这些规则是绝对正确的。其实这些都是通过文化、家庭、宗教、学校教育等强加给你的。违反这

些规则的人会激怒你，而你自己也会尽一切努力避免违反规则。因为你相信这些规则是无可争议的，所以你会把自己放在一个能够批评和挑剔周围所有人的位置。

11 | 情绪化推理。你相信你的感觉一定是真实的，完全不会对其进行认真评估。如果你觉得自己无趣、不被爱、不聪明、不成功——即使是一时的——你就会认为这是真的，因为你已经有了这种感觉。我们的很多内心冲突都是由于无法调和情绪和思维过程而产生的。

12 | 改变谬误。你期望其他人能够改变，而且他们必须改变，因为你对幸福的希望就取决于此。这导致你给别人很大的压力。事实上，你这是在破坏你与别人的关系。这种思维方式的基本假设是，你的幸福取决于他人的行为。你的幸福实际上取决于你自己在生活中做出的成千上万个大大小小的选择。

13 | 乱贴标签。你把在自己的社交圈里看到的一两种品质概括为对全人类的判断，这种认知扭曲创造了一个刻板和单一的世界。以这种方式给自己贴上标签会妨碍自我认同；以这种方式给别人贴上标签会导致人际关系问题和偏见。

14 | 绝对正确。你觉得自己好像总是在受到审判，所以必须证明你的观点、行动和选择是正确的，或者至少比其他选择更正确。你不能接受出错。你对正确的执着常常导致你的思想封闭，不给其他想法留有任何余地，尽管其他想法可能比你现在所坚持的更明智。

15｜善恶有报谬误。你想象有人在记录你生活中所有错误的和正确的行为。你期望你的牺牲、善行或自我克制会得到回报，尽管并没有明确的、合乎逻辑的证据可以证明这一点。你一直在做“正确的事”，即使你不喜欢这样做。这导致了你身体和情感上的消耗，而你的牺牲和克制也并没有换来实际的回报。

— 第 92 篇 —

比你的身体外观更重要的101件事

01 | 对于那些无法为你做任何事的人，你也能表现出友善。

02 | 要知道：在你死后，别人记得的最后一件关于你的事，是你的裤子尺码。

03 | 皮肤下面的东西比皮肤表面的东西更真实。

04 | 知道别人对你的身材有怎样的评判，并不会让你的身材变得更好或更坏。

05 | 你可以优雅地接受那些对你没有意义的东西。

06 | 你愿意努力去争取那些真正对你有意义的东西。

07 | 做到不以貌取人。

08 | 你会接受别人本来的样子。

09 | 我们的身体能做的最伟大的事情，就是让我们将自己的力量借给需要帮助的人。

10 | 你可以品尝你最喜欢的食物，只要你想，就可以用美食犒劳一下自己。

11 | 知道世间没有什么是永恒的，尤其是我们的肉体。这只是我们的一段旅程。人们想怎么评判你就怎么评判你，但那些评判是他们自己的，不是你的。

12 | 知道我们在核心层面真正需要的，是他人无条件的爱和接纳。也许不是所有人。也许不是很多人。但我们一定需要某个人这样对我们。

13 | 你可以品尝比萨。

14 | 你不能只接受符合你的标准的身材。

15 | 你要用心去理解一个人，再用行动告诉他你理解他。

16 | 你可以把宠物抱在怀里。

17 | 你可以自己付账。

18 | 我们的心中有一本地图册，当我们感到一种无法解释的吸引力时，我们就会跟随那些地图前行，因为它们知道的比我们头脑所能想象的多得多。

19｜如果愿意，你就可以创造一个生命。（这本身就是惊人的奇迹。）

20｜你可以游泳、奔跑、哭泣、尖叫、跳舞，漂浮在水面上，感受失重和自由。

21｜你的嘴能告诉你爱的人，你爱他们……

22｜……还能亲吻他们。

23｜你能够不断进化和改变。

24｜你可以为自己做出审慎明智的决定。

25｜将审慎明智作为自己的原则之一。

26｜你知道如何放手，然后好好享受美好的时光。

27｜你有能力放下自己对事物应该是什么样子的执念，接受它们的本来样貌。

28｜你知道美是无法量化的。

29｜认识到食物不是敌人。

30｜你知道我们关于美的理念是多么的矫揉造作，而我们看到的照片、评论、小说、影视剧，全都在有意无意地向我们灌输这种理念。

31 | 你永远不必接受对美的狭隘定义。

32 | 你知道，人们会因为你爱自己而更爱你。

33 | 你知道爱自己就意味着接受自己的全部。

34 | 你可以通过自己的经历以及其他一切真实的体验来培养自己的信念。

35 | 你可以为自己做决定。

36 | 当你无法再消极被动时，你可以为自己挺身而出。

37 | 当你无法再消极被动时，你可以为他人挺身而出。

38 | 只有自卑的人才会随意评论别人的外表。这种行为来自内心深处一个非常没有安全感的地方。你不应该对这样的人生气，而是应该向他们表达爱，因为他们需要爱。

39 | 你可以阅读你最喜欢的书，而且随时都可以开始读。

40 | 你可以旅行，可以拥抱你爱的人。

41 | 你永远不会知道未来会发生什么，未知尽管看起来很可怕，但你不应该害怕它。正是这种难以捉摸的感觉，让事情在发生时显得那样不可思议。

42 | 谈到自己，你对自己能有多诚实？

43 | 谈到自己，你对别人能有多诚实？

44 | 你可以和孩子们玩耍，告诉他们（并向他们展示）你爱他们。

45 | 你能感觉到幸福和快乐。

46 | 你可以感受到悲伤和痛苦，并从中成长和学习。

47 | 过去无数件看似没有成功的事情，其实是一种你没有意识到的神秘力量，是它们把你带到了正确的地方，一个远远超出你想象的地方。意识到这一点会让你体验到前所未有的兴奋。（或许这样的事还没有发生，但它一定会发生的，只要等待就好。）

48 | 你有能力共情，这种共情力会在日常生活中体现。

49 | 你能用眼睛看到你生命中的挚爱，用手握住他的手，用嘴和他说话，用直觉知道他是你的灵魂伴侣，用心灵去感受你们的和谐一致。

50 | 你在工作上有出色表现。

51 | 你坚定地坚持你的信仰。

52 | 如果有一样东西让你感到前所未有的吸引力，你会热烈地追求它。

53 | 你能认真地嘲笑自己。

54 | 你愿意诚实地面对自己的缺点，以及你会为改掉这些缺点做些什么，而不是对它们视而不见。

55 | 我们每天都在做的微小善举，可能是我们活着唯一的目的。

56 | 你经常花时间做你想做的事情，而不是别人期望你做的事。

57 | 不要再因为别人的不完美去评判和责备他们。

58 | 你能聆听自己喜爱的音乐。

59 | 即使你可能听不到音乐，你也能感觉到音乐的律动。

60 | 知道自己缺乏某种感觉、某种才华、某种能力，但你不会因此而觉得自己不完美。它会将你定义为一个比别人更能迎接挑战的人。

61 | 认识到对外在美的追求最终都是徒劳的——我们迟早都会下垂、衰老、满脸褶皱。

62 | 大多数时候你不能把你的外表等同于你的健康。

63 | 你没有权利根据他人的外表判断他们的健康。

64 | 你可以做你最喜欢做的事情（写作、跳舞、唱歌，什么都可以）。

65 | 你可以拥有性爱。

66 | 你的身体不是供别人消耗的，永远没有理由为了取悦别人而折磨自己。

67 | 社会对外貌的看法不是你的错，但你有责任自觉地反抗它。

68 | 当你爱的人受到伤害、需要安慰的时候，你知道该说些什么。

69 | 你知道什么时候该闭嘴，默默地陪在他们身边就好。

70 | 你知道如何放下那些必然会逝去的事情。

71 | 你知道如何拥抱和享受那些必然会逝去的事情。

72 | 把你不需要的东西捐给真正需要的人。

73 | 不要学别人说那些狭隘、刻薄的话。

74 | 你自己赚钱，想怎么花就怎么花。

75 | 当你和你爱的人在一起的时候，你告诉他们，你爱他们。请在每一天，尽你所能地告诉他们。因为你永远不知道明天会发生什么。

76 | 当牺牲有必要的时候，就做出牺牲。

77 | 你有能力感受到温暖。闻到童年时家的味道，你的感官会传递给你可能已经被你忘记的人和事。

78 | 无论爱有多可怕，你都要拥抱它。

79 | 你是一个诚实的人，无论是你的言辞、承诺、工作还是你的内心。

80 | 该道歉的时候，你能把自负放在一边，诚恳地道歉。

81 | 你道歉的诚意可以反映你的很多东西。

82 | 当你最需要别人照顾的时候，你自己也能把自己照顾得很好。

83 | 你制作礼物，录制CD，写纸条，给别人写信，只是为了换来他们的微笑。

84 | 你发自内心地认为所有人都是平等的。

85 | 不要再因为你做了你想做的事而道歉。

86 | 你会意识到，你的思考能力是无限的——只要你努力去开发。

87 | 有些事情其实只需要你用直觉判断，无须细想。

88 | 在你的生活中有一些小事能真正让你感到幸福。

89 | 当你们处于僵局，需要有人让步的时候，你有勇气主动和解。

90 | 你能够为别人的成功喝彩。

91 | 你能够不为别人的失败喝彩。

92 | 有人向你投来爱慕的眼神，你能第一时间领会到，这是多么幸运。

93 | 你把生命中的大部分时间用来做一些有意义的事情，而不是及时行乐。

94 | 你知道要帮助他人，先要照顾好自己。

95 | 你知道上面那两点是如何相互矛盾又相互需要的。

96 | 保证充足的睡眠。

97 | 多吃蔬菜（抱歉向你唠叨这件事，但它真的很重要）。

98 | 你对自己的身体感觉怎样。

99 | 你会原谅那些伤害你的身体的人，并意识到他们也受到过伤害——人们只会对触动自己内心创伤的东西进行攻击。

100 | 你会原谅自己伤害过自己的身体。

101 | 你会把这些事写下来，并分享出去。

— 第93篇 —

禅宗的7个原则以及在现代生活中的应用

我们反感心理辅导——无论是宗教的还是非宗教的——往往是因为（假设）它们不起作用，对它们产生怀疑。

我们相信生活杂志、自媒体上发表的文章和观点。这只是因为它们很好理解，而且能马上用来解决问题。

尽管禅宗是佛教教义的衍生物，但它只是一种关于自我认知的艺术。它不会指示你应该感觉到什么或者相信什么，应该成为什么样的人，应该做什么……它只是告诉你应该觉察到自己的体验，并完全沉浸其中。

正因为如此，禅宗的原则可以适用于很多人——从本质上讲，它们可以适用于任何生活方式。以下是禅宗的七种古老教义，以及如何在现代生活中运用它们。

01 | 你的体验是由你的大脑构建的。

关于瑜伽的论述从本质上解释了我们的心智感知如何创造我们的体验。我们可以通过转移方向和改变关注点来创造不同的体验。我们一直认为不能控制自己想什么，而事实上，我们可以做到。恐惧的感觉或消极的想法都是可以调节的。

02｜自我是过去的经验形成的信念（或大脑的构建）。

“你是谁”代表了一种本质、一种能量。大多数人只有在想象自己在其他人眼中的样子时才能理解自己是谁。（作家、老师、妈妈、学生、篮球运动员、“好人”等等。）

我们大多数问题的核心都是如何操纵自我，使自我更加膨胀或不朽，试图转换和改变他人对我们的看法——哪怕这些看法其实只是我们的想象。

掌控自我就是知道你可以决定你是谁，你做什么，而不是迷失在其中，被它控制。

03｜你不需要相信任何事，只需要跟随当下感觉正确的事情。

如果你毫不怀疑地坚持某种固定的信仰，让别人灌输给你教条或教导，那么当你开始重视这些声音时，你对它们的相信就超过了对你自己的相信，最终你会非常迷失或非常困惑，分不清这究竟是你认为正确还是你感觉正确。

如果你没有按照你所知道的事实来生活，你就没有遵循你的至善原则。要让自己的思考超越你目前接受的教导所“允许”的范围，这样才能拥有拓展和成长的能力。

04｜通往幸福的最终之路是“放下执念”。

在你关注自己生活中的各种结果之前，首先要明白，“放下执念”

并不等于“不关注”事情的结果，“放下执念”就是认识到：一切都是最好的安排。“坏”的事情在教会你如何治愈自己，从而能够敞开心扉迎接“好”的事情。就是这么简单的道理。

05 | “存在”（being）比“行动”（doing）更重要。

冥想状态可以通过各种各样的练习来实现，但也许其中最未被充分利用的就是“静坐”。它能让你的思绪平静下来，向你呈现出此刻需要承认和治愈的东西，让你与自己建立连接，不再受困于生活中的执着和责任。

关键是：你所做的事情并不代表你。你只是你。除了冥想练习，给自己时间放松、休养和反思也是非常重要的。

06 | 你可以成为自己思想和生活的客观觉察者。

你可以选择自己的想法，你也可以决定哪些想法应该是受到重视的，只要你能够客观地看待它们。

引导式冥想练习通常会让你作为第三方去觉察你产生的种种想法。它的重点是要让你明白，你不是那些想法，你不是你的感觉。你是体验这些思想和感觉的存在，是决定该重视哪一个想法并采取行动的人。

07 | 你的自然状态就是与本体合一。

我们最终会认识到万物是合一的（这是启蒙的基础）。如果你不能感觉到这种联系，你就会有一种与自己以及周围世界分离的幻觉，痛苦也随之产生。我们最终都会回归自然状态——与本体合一。

— 第94篇 —

6个迹象表明
你有正常的社交敏感度

在这个世界上，外向似乎是一种常态，而内向则只存在于非主流文化中。

不喜欢跟很多人在一起，渴望独处，只有一两个亲密的朋友而不是一大群朋友，这些都不是社交障碍。我们过度扩展了“反社会人格”和“社交恐惧症”的含义。这些术语实际上都很极端，如果不是临床用语，我们在使用之前应该三思。以下是一些方法，可以帮助你判断自己的社交敏感度是否正常。

01｜不熟悉的环境会引发一定程度的社交恐惧症。

有社交恐惧症的人通常有足够的洞察力，能够认识到人们对自己的评价或设定。但如果不加以约束，它只会让你失去自我意识，而不是保持自我意识。一定程度的社交恐惧症是正常的，甚至可能是高智商的表现。

02｜你渴望独处，因为独处能让你的情感充实。

当你想和别人在一起时，你不会仅仅因为害怕或觉得自己不会被人接受就孤立自己。

03｜你只愿意与几个谈得来的朋友在一起。

你不应该喜欢所有人。说你“喜欢所有人”，实际上可能是在否认和拒绝你的真正感受——你真正的心意不是这样。只不过我们都知道不能脱离关系。实际上，我们只能真正喜欢几个人，再加上能够容忍一些人。

04｜当你想对别人的提议说“不”的时候，就会说“不”。

你去见谁不是因为你觉得有义务或压力。你可以对你不想见的人说“不”。如果一定要做你真的不想做的事，那么代价将会是你的心理和情绪的健康。

05｜你会仔细分析情况，是因为你担心自己的快速判断可能并不准确，而不是因为你想强化自己的焦虑。

你会经常反思自己的选择和习惯，但你不会为了刻意得出一个假想中的结论而去过度反思，也不会找一些奇怪的证据来支持某个不合逻辑的想法：“他看我的眼神那么古怪，我知道他讨厌我。”

06｜你担心自己的社交恐惧症不正常。

担心自己在社交场合表现得过度焦虑，这很正常。这不是因为你出了严重问题，你只是希望有足够的自我意识来应对出现的问题。

— 第95篇 —

现在就是你拥有的全部

我有一个毛病，就是喜欢把生活中的某些事情看作某种前兆，只有等到它们发生，我才能采取下一步的行动。但令人无法忍受的是，如果这种情况频繁发生，我的整个人生就会变成一场等待游戏。现在我已经抑制住了逃避现实的想法，但它时不时还会出现，让我禁不住再次产生冲动。

因为它来自一个希望，那就是我们以后会过上幸福的生活。只要熬过了痛苦，我们就能沉浸在被治愈、得到和解、发生改变的幸福中，再次成为一个完整的崭新的人。但是从黑暗直通光明的快速路是不存在的。其中会有许多波折，许多次重蹈覆辙，许多灰色地带。有时你会退回到过去，甚至无法相信自己又落到了原点，有时你会忘记自己一开始有多么痛苦。你害怕前进，更害怕回头，这成了你的最大阻碍。

一个接一个的“现在”累积起来，让我们从一个体验进入另一个体验，这将是我们最终拥有的一切。这些体验是我们在脱离单调的日常生活之前必须经历的。完成这个过程，我们就可以放手让事情过去。如果我们有一些糟糕的经历，我们就会觉得整个人生都灰暗下来。我们在心中列了一份清单，认为只有全部符合清单上的条件，才能称作幸福。但幸福不是时机成熟才能获得的。它是一种体验，一种情感，而你要做的就是在此刻体验它。

我认为这种设计幸福的思维模式很大程度上是由我们的社会促成的。这不仅意味着我们相信只要经历了足够多的痛苦，就有权拥有幸福的生活，还说明我们认为这种幸福来自为明天做的规划。对于千禧一代来说（天哪，我真不敢相信自己会用这个作为例子），这就如同Tumblr和Pinterest上的图片帖子，向我们展现各种各样的精致生活。但我们当中有多少人真的会像图片里那样生活——哪怕是冲一杯香醇的咖啡和在窗边读一本书这种简单的事？我们每天都在抱怨没有过上梦想中的生活，然后继续过着浑浑噩噩的日子，日复一日。

朋友们，现在就是我们拥有的全部。你必须现在就做出选择，必须活在令人心碎的现实中，也就是你此刻所看到和感知到的。

有些时候，你的情绪如此低落，以至于你振作起来的唯一目的就是继续活着，你别无选择。也许就是在这样的时候，我们应该潜入深渊，让现在变得不仅仅是“还好”，意识到如果我们继续放任下去，生活会变得更加无聊又平庸。生命中有许多神秘的、未知的、迷人的异域风景，只有当我们走出荒野，不再为明天担忧时，我们才能看到。

第 96 篇

“无心”的艺术

许多人写文章阐述正念的重要性，以及他们的正念体验：将注意力集中于当下，对当下的一切观念不作评判，充分觉察你每天体验到的每一种感受。这是自我意识和自我认同的关键。我们要么专注于每个时刻，要么让它们从我们身边不知不觉地溜走。正念中的专注练习确实对身体有益处，但在某些情况下，“无心”（mindlessness）胜“有心”（mindfulness）。这并不是说我们不要用心，而只是对“正念”这个词的一种演绎。（在此澄清一下，以防有任何误解。）

正念的关键，就是有意识地觉察，完全沉浸在我们的体验中。这一点至关重要。我们生活在一种文化中，生活在人类存在的一个时期内。在这个时期，人们过于关注自己对事物的看法。尽管理性对我们的发展至关重要，但它有时会否认我们的本能、欲望和快乐，取而代之的是“满足他人的期望”和“保持正常”。当我们试图限制不可驯服的人类灵魂时，我们最终也会因此而遭受痛苦。

尽管我们取得了巨大的技术进步，但我们的人际沟通能力已经远远偏离自然、原始的状态。我们的日常讨论被人为赋予的价值观深深地影响，我们过多地关注人能做什么，却逐渐忽视了人是什么。我们完全不重视人类自身存在的现实，不重视我们需要理解的那部分，不只是因为它们是未知的，更是因为我们在这方面无法对任何事达成一致，也不可能给出任何确定的答案。所以我们选择否认它们，而不是接受未知。

我们怎样想，就会变成怎样。如果要为我们现在的变化找到一点标志性的迹象，那就是我们总会过多地考虑那些无关紧要的事情，而没有为那些确实未知但又能产生最佳结果的事情留出空间。那些事的确超出了我们的大脑能够理解的范畴。

我们开始给事物贴标签、分类和下定义。我们变得习惯于已知的东西，忽视无法理解的东西。这让我们不愿接受与我们不一样的人和事。我们认为他们的观点是错误的，因此我们比他们优越。我们喜欢看到别人不如我们，这样我们就可以占上风，获取良好的感觉——因为我们胜过了他们，所以我们感到很舒心。我们必须停止给人下定义。我们必须接受未知带来的不适，并坚定地去适应它，因为我们不确定的事实都是必然事实。我们必须认识到，重大的变化只能在小范围内发生，并且要逐一实现。

第97篇

你的感觉如何和你如何看待这种感觉，两者之间的区别

回想一下你最近一次对某件事有强烈的情绪反应是什么时候。你是在经历过某事之后，对情绪进行处理和内化，然后通过审视自身来确定感觉的吗？可能不是。当我们问对方："你对此感觉如何？"这基本上可以替换为："你对这个事怎么看？"

情绪是简单而微妙的。我们的身体有两种状态：绷紧或放松。情绪也是如此。我们会产生一些想法，这些想法会加剧紧张的、快乐的、脆弱的或者任何极端的情绪。

也就是说，我们仅仅通过赋予感觉意义，就创造了我们看待感觉的方式。但我们的感觉和我们认为自己应该有的感觉之间存在着差异。这就是从众心理和社会适应[①]产生的原因。这也是人们会产生不可避免的情绪波动的主要原因。任何情绪都不会持续很长一段时间——这不是情绪功能设计的初衷。只是认知模式让我们一遍又一遍地重新激发一种感觉，或者阻止我们选择情绪所引导的行为方向。

---

① 社会适应一词最早由赫伯特·斯宾塞提出，指个体逐渐地接受现有社会的道德规范与行为准则，对于环境中的社会刺激能够在规范允许的范围内做出反应的过程。
——编者注

我们的文化、宗教和家庭教养决定了一系列“好”和“坏”的标准。我们的自我、对生存的渴望、优越感、爱、接纳等等，填满了其余的部分。我们最终形成了一个由行为和反应构成的心理生态系统。

这些我称之为“心理情绪”（mental emotions）的东西，大体上是我们遭受痛苦的原因，尽管它们已经比以往任何时候都进化了。现在控制我们的不再是短暂的饥饿感，或者交配的欲望。我们开始思考：如果有人不爱我们，这意味着什么？我们的潜意识开始努力确认这是真的。这些想法不断重复，创造出信念，而这种信念创造了我们的生活。

我们被教导，无论你选择哪一种方式，有价值的人生都是高度情感化的。它充满了爱，或者充满了激情，或者是你在难以忍受的痛苦中坚持了下来。我们认为应该对各种事物有自己的看法，这样我们才能知道自己是谁。更糟糕的是，我们认为应该通过情绪反应让自己的观点受到重视，觉得自己有价值，觉得人生有价值。

下次你感觉无处可逃的时候，请诚实地审视你的身体，看看你当下的状态。哪怕只是有点肠胃不舒服，那也是压力的表现。这就是感觉对你的影响。一小时后、一天后再观察……那种不舒服的感觉可能就消失了。

你会意识到，即使是你的“直觉”、你的本能，也并不会带来强烈而巨大的情绪波动，这就是为什么它们会被称为“无意识的智慧”。

有时候，我们会对内心固有的宁静感到不舒服，所以要不断制造混乱来分散自己的注意力。但一旦混乱让你感到筋疲力尽，你要做的就是去感觉你的感受，而不是思考你的感受。

你会意识到，即使你的情绪在表达最坏的情况——“这样不对”“你需要改变”，你与自己固有的沟通方式也总是温和的、柔软的、充满爱意的，情绪总是在努力帮助你。

你还会意识到，你对自己的情绪没有天然的厌恶。它们并不“坏”。就算你的大脑没有给它们贴上“好”的标签，你也不会觉得它们“不好”。在适当的时间，以适当的程度，我们享受悲伤和痛苦，以及其他一切情绪。这是我们允许情绪存在的表现。

创造生活的不是思想，而是我们如何用思想来剖析情绪的意义，以及如何根据我们的判断来决定什么是“好”和“坏”，什么是“对”和“错”。情绪不是天生具有的，而是大脑后天习得的。也就是说，你的情绪是由你自己创造的，是由你所处的文化环境和过往经历塑造的。

第 98 篇

消极思维的力量

如果你想要情感上的自由，你只需要了解一件事：无论你现在认为自己有什么问题，那都不是真正的问题。问题是你不知道如何正确地思考你的问题。

你也许厌倦了这些陈词滥调，但这依然是你不能忽视的。这不仅仅是某些情况下适用于某些人的建议；不仅仅是一个善意的观点，只是为了在你历尽艰辛之后安抚你；不仅仅是在你别无选择时可以依靠的东西。

体验一切事物的意义在于学习如何以不同的方式思考。当你不再学习用不同的方式思考，你就会停滞不前。

我们经历得越多，就越有能力用不同的视角看世界，从更多的维度去思考，考虑以前无法想象的可能性。真正的教育不是学会思考什么，而是学会如何思考。

我们的消极想法和积极想法一样，都在为我们提供信息。我们可以学习把它们看作指令，而不是害怕它们。如果我们能够辨别出我们赋予意义的到底是什么，我们就可以决定什么对我们重要以及重要的程度。

这就是消极思维的力量。

当斯多葛学派的人练习消极想象（想象最坏的可能性，然后为它们做好准备）时，学习如何思考还是一门简单的艺术。它让你认识到，你可以选择如何将意义和情感应用到你的生活中。

如果你不能有意识地决定什么是重要的，什么是不重要的，你的余生都将在模式化的感觉中度过，对你年轻时的遭遇做出条件反射式的反应。

这一问题的解决方法不是过分关注积极的一面（这是现在流行的心理学常常会灌输给你的理念），而是学会如何将你内心的阴影转化为引发改变和激励成长的力量。

情绪的自由和内心的平静表现为，当那些消极的想法和情绪出现时，你知道该做什么。你知道它们总是会出现。

按照乔纳·莱勒（Jonah lehrer）的解释，我们通过思考来调节自己的情绪。我们的前额叶皮质[①]允许我们思考自己的意识。我们的大脑会思考它自己。心理学家称之为元认知。

我们知道自己什么时候会生气，因为每一种感觉都伴随着一定的自我意识，这样我们才能弄清楚为什么我们会有这样的感觉。如果没有这种意识，我们就不会害怕向我们冲过来的狮子，也就不会逃跑。如果我们不逃跑，那这种感觉对我们又有什么意义？

但更重要的是，大脑中的杏仁核会对“损失框架”[②]做出反应，

---

① 前额叶皮质是大脑中进化最完全的区域，我们的判断、决策、洞察、计划以及回忆等高级认知功能都在前额叶皮质中锥体细胞形成的网络的掌控之下。

——编者注

② 人们天生对损失和威胁更敏感，比如你意外赚了1000块，然后又意外损失了200块，损失带来的影响要远远大于获益带来的影响。你在情绪上会一直耿耿于怀那损失的200块，哪怕你其实并没有真正的经济损失。每个人都是用自己的主观性对客观世界里的信息进行筛选、加工。当我们把事情放入损失框架，就会感觉很痛苦；而放入收益框架，则会感到快乐。

——编者注

如果某种感觉没有意义，那么这种感觉就会被大脑忽略。如果大脑认为赋予某种感觉意义没有什么价值，那么大脑就会收回前额叶皮质对情感脑①的控制权，转交给更原始的脑区，而我们就会很容易陷入深度焦虑的状态。

这意味着无论你认为自己的生活中有什么问题，那都不是问题，而是你把它看成一个问题。那是你拒绝回应的信号，或者过度赋予意义、过度推断的结果——导致非理性的情绪不受控制地蔓延，等等。

事实是，你把问题看作一个问题，而不是你的理解和你的感知中的一个谬误。

问题不在于问题本身，而在于你如何看待问题。

如果你想让感受发挥作用，就必须学会如何思考你的感受。焦虑给你带来的恐惧与有价值的恐惧的区别在于你的洞察力，这需要练习。把障碍变成机遇的人和被自己的不确定性压垮的人，他们之间的区别在于认知和意识。

感到不舒适会迫使我们去思考以前没有想到过的选择。

这就是为什么痛苦对人类的成长至关重要。障碍会成为道路。傻瓜都懂得享受生活中的积极事物，但只有少数人能够从消极事物中发现更深刻的东西。

---

① 我们的大脑由三部分组成，最底层是爬行脑，第二层是情感脑，最上面一层是理性脑。情感脑由早期的哺乳动物大脑进化而来，其功能是分辨愉快和不愉快的情绪。情感脑被激活，可以避免不愉快的情绪，同时追寻愉快的情绪。

——编者注

— 第99篇 —

如何缓解焦虑，自我疗愈

01｜上瘾的反面不是清醒，而是连接。焦虑也是如此。焦虑是脱离当下，脱离他人，脱离自己。通常这三种脱离会在焦虑中同时存在。你必须重新连接起你的生活。

02｜你必须允许自己追求你真正想要的东西。这是没有办法绕过的事情。不管那是一个浪漫的伴侣、一份更好的工作，还是更多的钱、别人对你工作的认可，你都要找到它并接受它，哪怕你觉得别人会因此认为你很浅薄、有问题，或者不够“爱自己”。

03｜如果你不知道自己真正想要的是什么，那就要直视你内心深处的恐惧。它们的另一面是什么？那就是你想要的。

04｜感谢你的不舒服。感觉不舒服是一种信号，表明你正在接近新的、更好的事物，但你必须采取行动。

05｜你最好的新朋友将是条理和效率。这不是指逐一完成清单上的一百个待办任务，而是知道你每天都在完成一些对你的幸福有帮助的事情。（无论什么事！）

06 | “非理性焦虑”往往可以通过做一些非常实际的事情来治愈。你担心的那些毫无意义的事情，通常是你没有处理的实际问题的放大投影。

07 | 你必须从你所在的地方开始，你必须利用你所拥有的一切，你必须竭尽所能。

08 | 有意识地和已经存在于你生活中的人建立连接，或者重新建立连接，即使你可以信任和联系的人只有一个。这将帮助你重建健康的情感依恋。需要爱并不是心灵脆弱的表现。

09 | 买一本垃圾日记①式的笔记本，当你感到内心躁动的时候，就写一篇日记。写下你所有冒出来的想法——任何可怕的、糟糕的、自我厌恶的想法，把它们释放出来。一旦你这样做几次，你就会相信我的话——这样做能够释放它们。

10 | 当你非常焦虑或恐慌时，你应该做的唯一一件事就是安慰自己。在这种状态下，你无法清晰地思考，也不应该对你的生活做出假设和决定。想想什么能让你放松（吃点零食、洗个澡、跟人聊天、做你真正喜欢的事情），在你做其他事情之前，把自己的负能量释放出来。

---

① Junk Journal，英文直译过来就是垃圾日记。这种特殊的手账本是用废旧的纸张、布料、蕾丝花边等材料制作而成的，因此而得名。

——编者注

11 | 你需要弄清楚如何活在当下。焦虑是一种警告信号，表明我们太过沉迷于过去或未来——停留在过去会影响我们在当下做出选择。

12 | 有些事情会阻碍你追求真正想要的东西，你需要对它们采取行动。就像谢丽尔·斯特雷德说的那样："真正的变化发生在姿态的层面上，是一个人做了和以前不一样的事。"

13 | 阅读。你不读书不是因为你不喜欢读书，只是因为你还没有发现你感兴趣的内容。你现在读到的东西会影响你未来几十年的样子。在网上阅读关于人们如何应对恐惧的文章，你会发现和你处境相同的人——许多陌生人都和你有同样的感受。你也可以读那些你不理解的、让你害怕又让你着迷的东西。都可以的，读就是了。

14 | 你可以改变你的感受。这是你必须记住的。不过这也很简单："我想对这件事有不同的感受，所以我要关注它的不同方面。"

15 | 如果你认为自己无法"选择"幸福，无法"选择"你的感受和你的想法，那你就是在让自己陷入一种极其艰难的境地。你在日常生活中所做的选择可以让你更幸福，也可以夺走你的幸福——明白这一点非常重要，否则阅读这本书可能也无法给你太多帮助。

16 | 你会一直有让你感到焦虑的事情。你总是会感到恐惧。如果你关注你的生活，或者哪怕只是对身边的事稍微有所关注，你就会意识到，有很多事情足以让你焦虑和害怕。我们的最终目标不是消除这些感受，而是让内心变得强大，让自己在这些感受存在的时

候依然能选择幸福，而不是停滞不前。

17 | 对一些人来说，只要稍微转变视角，内心就能变得强大；但对另一些人来说，这需要数年的治疗，以及付出更多的辛勤和努力。这是我们一生的战斗，也是我们最应该为自己做的事。如果你要作战，就投身于这一场战斗中吧！

18 | 问题不是问题。问题在于你如何思考这个问题。你的内部导航系统已经失灵了，因为有些地方不对劲。这并不意味着你将会陷入痛苦。这意味着在内心深处，你知道有另一种更好的生活方式，意味着你知道你想要什么。

19 | 你需要选择爱。我的意思是，你不能放弃那些照亮你内心的人，不能放弃你喜欢做的事情（即使那不是工作），不能放弃你想为自己做的事情。你必须选择爱，即使它让你感到恐惧。（事实上，你对做一件事的恐惧与你对它的热爱是成正比的。）

20 | 当你感到痛苦时，你必须学会表达出来。这不意味着你鲁莽冲动、不受约束的行为就是合理的。这意味着你需要学习承认自己的痛苦，清晰地传达给别人，并在痛苦出现时妥善处理。

21 | 你必须学会如何释放积聚在内心的情绪毒素。比如说，如果你不让自己感受并承受你被前任严重伤害的事实，你就会不断将这种感受投射到你的新恋人身上，你认为他也会伤害你，甚至你会觉得自己不应该再尝试新的感情，因为那会让你最害怕的情况重演。要解开这个结，你就必须看清事实，允许自己感受并接纳感

受。生活有时是残酷的、不公平的，可怕到难以形容。（“我们都活在阴沟里，但仍有人仰望星空。”——奥斯卡·王尔德）

22 | 将你身体的感觉与你所认为的这些感觉的含义区分开。当你非常难过的时候，问问你自己，“我现在真实的身体感觉是什么”或者“我到底感觉怎么样”。很有可能你只是有点紧张或不舒服。你的恐慌只是你给这种感觉赋予的意义。

23 | 不要相信你所有的感受。人们普遍是这么认为的：很多感受来自非理性的想法以及过去的经历等等，完全相信感受实在不理智。如果你盲目地相信你所有的感受，你就会迷失方向。要甄别出哪些感受有意义，哪些没有。

24 | 利用最强大的成长工具：想象未来的自己。如果你对是否要孩子犹豫不决，想象一下你75岁时的生活。你是希望有你的家人陪伴在身边，还是你自己一个人也很好？想象一下你三年后的生活。你会为自己没有挽回这段感情而感到高兴吗？你会为了没有存下一分钱而感到高兴吗？你会为了把时间浪费在打游戏上而感到高兴吗？你本可以用这些时间写书、创业或者学习艺术，就像你真正希望的那样。你希望成为什么样的人，就从那个人的角度来想象你的生活，这会让很多事情回到正轨。

— 第 100 篇 —

停止追逐幸福

哲学家艾伦·沃茨说，对安全的渴望其实就是没有安全感的体现，即“抱有希望就是没有希望”。传统的禅宗也认为：渴望满足就等于没有满足，幸福在于你自知拥有幸福。

这些理念很好（尽管对大多数人来说可能已经是陈词滥调了），但它们说明了“追逐幸福”这种流行概念背后的愚蠢和疯狂。正如安德鲁·韦尔（Andrew Weil）所言——认为人类应该一直幸福是“一种具有破坏性的想法”。

正是我们对永恒幸福的渴望推动了消费主义，缓解了我们对朝着不确定的死亡快速迈进的恐惧。但它只是让我们渴望得到更多。在许多方面，这种渴望——与我们对死亡和痛苦的恐惧一起——成为我们创新和发展的动力。这种缺失的满足感不断驱使着我们，让我们对幸福的追求不会也不可能停止。

这在很大程度上是享乐适应[①]的结果。人们习惯了发生在他们身

---

① 人类拥有一种令人吃惊的能力，可以迅速适应环境的改变。凭借这一固有的本领，人类能够一直保持情感的平衡。即使是在最紧张、最痛苦的情境中，只要保持时间足够长，人类也会逐渐适应，习以为常。对待幸福和快乐也是如此。一项研究发现，婚姻的兴奋感往往在两年后就消退了。另一项研究表明，开始新工作的兴奋期平均持续时间为一年。而那些微小的快乐持续的时间更为短暂。

——编者注

上的事情。我们不断改变、调整、适应，渴望得到更多。心理学家称其为“基线”，即在不同的生活事件发生后，我们会调节自己，以现在的状态作为自己新的平衡状态。

追逐幸福是在试图不断用“积极”的生活事件来维持我们的状态，而不是像平常一样调整心理基线。想要一直用“好”的感觉来激励自己，不仅不健康，而且是不可能的。

如果你想获得幸福，你就要停止追逐幸福。当你在做有挑战性、有意义、有价值的事情时，自然就会收获幸福。

与其只追求让你“感觉良好”的东西，不如用一生时间去追求知识，锻炼清晰思考和多维度看待事物的能力。去做一些有意义的事情，改变你的人生，甚至脱离原先的轨道，这会让你感到不适，但追求这种不适感反而才是更明智的做法。你相信平衡会让你“幸福”，但相较于去平衡你不喜欢的事情，更明智的做法是去做那些困难的事情，让你感到脆弱和痛苦的事情，而不是逃避它们，因为舒适感只会让你获得转瞬即逝的美好。

归根结底，逃避痛苦就是逃避幸福。（它们是具有相同功能的相反力量。）我们关闭了一部分感受，就等于关闭了一切。它只会让我们追逐那种空洞的幸福，而那种幸福永远不会填满我们的内心，让我们成为我们真正应该成为的人。

— 第 101 篇 —

如果你想活出生命的真义，如果你正在经历心灵、自我、思维方式和生活方式的转变，你应该知道些什么

我们一生中会经历许多次根本性的转变。有一个美好的词可以形容这件事，“metanoia”。它来源于希腊语，意为“心灵意念的根本转变”。你正在改变什么并不重要，重要的是，任何一种巨大的心理或情感转变都有着同样的挣扎与纠结。如果你也有这样的情况，你需要知道以下几点。

01 | 如果一段关系改变了你的世界观，那么你要知道，这段关系可能已经达到了它的目的。

02 | 你不需要懊悔自己曾经的观念是多么狭隘：改变是建立下一个新观念，而不是清除过去。你不需要在懊悔中反复思考自己浪费了多少时间，一直没有意识到生活远比你想象的美好。你最终能够明白就可以了。

03 | 你的不幸经历能够给你带来启示，那就是认识到你——而且只有你——要对自己的生活负责。你不能依赖任何东西。谁都不